名人故居

万安伦 ◎ 主编

北京出版集团公司
北京出版社

图书在版编目（CIP）数据

名人故居 / 万安伦主编. — 北京：北京出版社，2019.5
（文明游北京）
ISBN 978-7-200-14541-0

Ⅰ. ①名… Ⅱ. ①万… Ⅲ. ①名人—故居—介绍—北京 Ⅳ. ①K878.2

中国版本图书馆 CIP 数据核字（2018）第 295191 号

文明游北京
名人故居
MINGREN GUJU
万安伦　主编

*

北京出版集团公司
北京出版社　出版
（北京北三环中路 6 号）
邮政编码：100120

网　　址：www.bph.com.cn
北京出版集团公司总发行
新 华 书 店 经 销
北京瑞禾彩色印刷有限公司印刷

*

710 毫米 ×1000 毫米　16 开本　14 印张　190 千字
2019 年 5 月第 1 版　2019 年 5 月第 1 次印刷
ISBN 978-7-200-14541-0
定价：65.00 元
如有印装质量问题，由本社负责调换
质量监督电话：010-58572393

编委会

编委会主任　李清霞　　万安伦

编　　委（以姓氏笔画为序）

万安伦　　王　清　　毛　强　　李晓波　　李清霞
赵　勇　　钱　颖　　黄雯雯　　董维东

主　　编　万安伦

本书执笔　毛　强

前 言

北京是我们伟大祖国的首都，是全国的政治中心、文化中心、国际交往中心和科技创新中心。"文化之都"是北京最耀眼的城市标识，是中华文明的一张"金名片"。习近平总书记十分关心北京的发展，2014年和2017年两次视察北京，对首都发展提出明确要求，寄予殷切期望。他强调，"北京要建设国际一流的和谐宜居之都"，而向世界展示一个有历史、有文化、有故事的北京，正是"文明游北京"系列丛书出版的宗旨和目的。

北京是一座有着3000多年历史的文化名城。早在殷商时代，北京地区已是颇具规模的部落定居点，具备了城市的雏形。从公元前1045年周武王在殷商原有封城的基础上分封燕和蓟两个封国算起，北京的建城史至少有3064年。北京城经历了从"封国方城"（周代至战国）到"大国边城"（秦代至唐代），再到"辽国陪都"（公元938年，北方少数民族政权陪都）、"金国中都"（1153年，北方少数民族政权都城），直至"国家都城"（元代起为统一的多民族国家的首都）。在漫长的城市发展和历史积淀中，北京的城市地位一直处在上升状态，这为北京孕育灿烂辉煌的城市文明、博大精深的城市文化及丰富多彩的旅游资源，提供了历史依据和现实可能。

中央文明委和北京市委市政府提出，要加强精神文明建设，大力发展文化产业，大力扶持重大历史题材、京味文化、传统文化等主题作品；要以"一核一城三带两区"为重点，加强对"三山五园"、名镇名村、传统村落的保护和发展，把北京城市的历史文化传承好、发展好。本套丛书正是以此为宗旨，让读者更多地发现北京之美，自发地爱北京、护北京、建北京，在宣传好北京文化"金名片"、续写好北京文化新篇章的同时，提升游客的文明游览水平，谨防不文明游览行为的发生。

根据北京"全国文化中心"的城市战略定位，"文明游北京"系列丛书从古都文化、红色文化、京味文化、创新文化几方面展示了北京作为历史文化名城的独特魅力。丛书共10册，包括《名人故居》《传统村落》《红色景区》《胡同胜景》《文化地标》《工业遗址》《亲子胜地》《长城胜迹》《西山永定河》《京城大运河》。它立足于北京自身特有的人文景观和自然风物，以独特的视角全方位地对北京这座城市进行了细致解读。其内容涵盖从古至今坐落在北京大街小巷里的名人故居，荣获北京市第一批市级传统村落的44个古村落的发展状况和特色景观，散落在北京各处的红色革命景区，象征着老北京传统民俗文化的北京胡同，以故宫、颐和园、鸟巢、水立方等为代表的古今文化地标，以798为代表的工业遗址园区现状，最适合亲子游的一些玩乐之所，世界上最雄伟壮观建筑之一的长城胜迹，"三山五园"、西山八大处和永定河沿岸的景观，以及京杭大运河北京段周边的旖旎风光。整套丛书，对一般读者深度认识北京这座城市的人文、历史、建筑等，具有重要的参考价值和指导作用；对热爱北京文化研究的读者来说，也具有一定的资料意义和收藏价值。

"文明游北京"系列丛书于2017年启动，丛书的大纲和文稿经过了十多次修改。值得一提的是，为给读者提供第一手的景点信息，编撰团队亲自去了书中收录的每一个景点进行信息采集和照片拍摄。丛书采用图文并茂的形式，从面到点，规划线路，介绍景点的位置、特色、故事及相关人文、历史等信息，适合于对人文、历史、建筑、旅游感兴趣的读者。丛书实用性、知识性和趣味性并重，希望为北京文明旅游和文化传承做出一份自己的贡献。

万安伦

2018年11月27日

目录

//////// 第一章 ////////

相约文明游北京

//////// 第二章 ////////

闲来话北京
——名人故居

胡同里的旧居故事 / 10
漫步在充满回忆的古城街巷间 / 12
文艺作品里的名人故居 / 14

第三章

京城故居往事

王侯院落

雍亲王府 /32

恭王府花园 / 38

和敬公主府 / 41

循郡王府 / 45

僧王府 / 47

醇亲王府 / 50

庆王府 / 55

郑王府 / 59

涛贝勒府 / 62

婉容故居 / 65

领袖故居

刘少奇故居 / 22

宋庆龄同志故居 / 24

重臣府邸

洪承畴故居 / 70

文煜宅 / 73

荣禄故居 / 76

左宗棠故居 / 81

麟庆故居 / 88

崇礼故居 / 91

四

政要私宅

段祺瑞故居 / 98

李宗仁故居 / 103

冯国璋故居 / 106

唐绍仪故居 / 109

梁敦彦故居 / 112

 五

学者居所

杨昌济故居 / 116

梁启超故居 / 120

蔡元培故居 / 127

章士钊故居 / 131

顾孟余故居 / 134

张伯驹故居 / 137

名流门庭

曹雪芹故居 / 142

纳兰性德纪念馆 / 147

鲁迅故居 / 150

郭沫若故居 / 154

茅盾故居 / 157

老舍故居 / 163

叶圣陶故居 / 168

田汉故居 / 173

欧阳予倩故居 / 176

沙千里故居 / 179

朱启钤故居 / 183

艺苑之家

梅兰芳故居 / 188

齐白石旧居 / 193

程砚秋故居 / 197

将星宅邸

吴佩孚故居 / 202

蔡锷故居 / 206

杜聿明故居 / 210

参考资料 / 214

第一章

相约文明游北京

作为四大文明古国之一的中国一直是"神秘的东方文明"的代名词。站在中华大地上回首，有一座都城熠熠生辉，那就是北京。历经千年，方圆数百里，社会的变化带来了城市的变迁，文明的进程携带着历史的更替，若是您有机会来到这里，不如让我们相约一起，文明游北京。

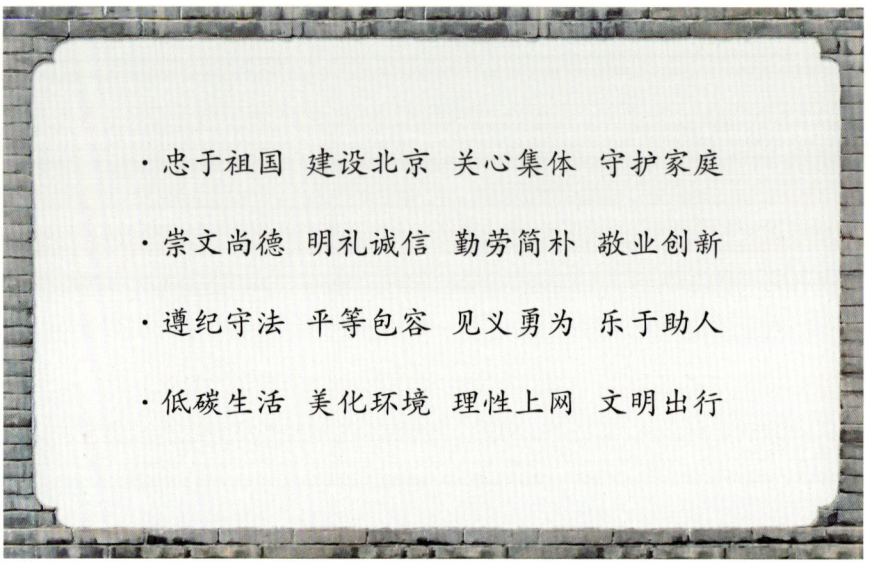

- 忠于祖国　建设北京　关心集体　守护家庭
- 崇文尚德　明礼诚信　勤劳简朴　敬业创新
- 遵纪守法　平等包容　见义勇为　乐于助人
- 低碳生活　美化环境　理性上网　文明出行

对于中国人来说，北京有多重身份，是中华民族文化大同的集中体现，是祖国的首都，北京的院落和巷子、戏剧和博物馆更是国人内心骄傲之所在。对于世界来说，北京也有多种意义，是东方之光的象征，是古老文明的象征，故宫和长城则是世界人民心中对神秘东方迷恋和向往的地方。

所以，当您来到这里，走进这古城的春风之中时，一定别忘了将春风留住，将古都之美留在心间，也一定别忘了遵守首都市民文明规范，共同守护这座美好的都城。

人与集体的关系:

> 忠于祖国　建设北京　关心集体　守护家庭

　　祖国是我们伟大的母亲,首都北京则是中华儿女衷心向往的地方,从不断扩展的北京环线到古城里的大街小巷,处处浸透了一代代建设者们为这座城市付出的汗水,首都北京的建设,是一代又一代的劳动者们辛勤付出和不懈努力的结果。人,从来不是单一的"动物",集体是我们在社会活动中不可或缺的一种重要的组织形式,每个成员都要关爱集体以及集体的财物,让集体成为这个社会具有凝聚力的温暖的港湾。家庭作为社会最基础的组成部分,它的存在让我们每个人都有了一个让内心感到温暖的地方,家庭和睦才会最大可能地激发出人们对生活和未来的渴望和动力。用心守护家庭吧,它会让您更加安心地展望未来。

人与自我的关系：

> 崇文尚德　明礼诚信　勤劳简朴　敬业创新

　　高尚道德是中华民族锲而不舍的追求之一。中华民族是崇尚礼仪和高尚道德的民族，不论社会如何发展，属于我们古老民族的道德准则都需要一代又一代的中华儿女传承下去，如明礼诚信，作为中国传统美德，就应该发扬光大。中华民族是勤劳的民族，勤俭节约作为一种美德，无关财富的多少，也无关地位的高低，而是个人对待物质的一种理解和尊重，是一个人正确价值观的崇高体现。随着时代的快速发展，创新成为各行各业焕发生机的动力，当然，它离不开人们对于工作的热爱和努力钻研。

人与他人的关系：

> 遵纪守法　平等包容　见义勇为　乐于助人

　　游览时要遵守法律和法规，长城、故宫、国家博物馆等景区游客众多，需要排队进入，在注意提前预约和错峰出行的同时，如果赶上排队，一定要遵纪守法，多一份平常心，多一份包容，帮助工作人员维护秩序，见到违法乱纪的行为时，及时出手制止。当他人遇到危险时，合理地见义勇为，弘扬社会正气。

人与环境的关系：

> 低碳生活　美化环境　理性上网　文明出行

美好的环境关乎你我的健康，也让我们的生活更加舒适和惬意，我们应尽量减少碳排放，选择公共交通出行。理性判断网络信息，理性发表网络言论，这是当代网络大潮中每一个公民都应该遵守的基本准则。做个文明出行的好公民，为首都的文明建设奉献出我们的力量。

北京的四季都很美，无论您何时来到这里，北京都有不同的风景等待您的探索。希望您在充分欣赏这个美丽古都和国际大都市的过程中，注意举止文明，北京也会因您的到来，更添一个故事，平添一份美丽。

第二章

闲来话北京——名人故居

北京,提到这个词您会想到什么?是紫禁城的红墙黄瓦,是奥运建筑亮丽的风景线,是国贸连绵不绝的高楼形成的天际线,抑或是地下川流不息的地铁?这是今日的北京。在历史的车轮碾过的昨日里,北京城是多代王朝的首都,是近现代中国社会思潮的先驱之地,太多的文人墨客聚集于此,太多的政治风云在此涌动。北京,从来就是一座少不了故事的城市。

名/人/故/居

❖ 胡同里的旧居故事

打小在胡同里长大的人们,就是听着这些故事长大的。人往后海边的棋局里一凑,听老大爷们说故事,一说就是一下午。或者跟着家中老人去茶馆听相声,听他们说相声里的人生百态。一座城市是一群人的故事,要是您第一次来北京,那一定要去听听这群人的故事。而这些江湖里的故事都藏在哪里呢?藏在那些风云人物的旧居里。旧居又藏在哪里呢?藏在北京胡同的石板路上,藏在四合院的青砖青瓦里。北京的胡同不仅仅是城市的脉络,交通的衢道,更是普通百姓生活起居的地方。北京的胡同就如同杭州的巷子、上海的弄堂,记载着人们习以为常、窸窸窣窣的生活,反映了历史文化的变迁,是北京城的重要组成部分和极为典型的文化标志之一。

其实我们现在看到的北京城,基本是在明清北京城的基础上复建而来的。而明清北京城的前身为元大都城。大都城设计时曾参照《周礼·考工记》中

10

"九经九纬""前朝后市""左祖右社"的记载，规模宏伟，规划严整，设施完善。当时的大都是世界闻名的国际大都市之一，在《马可·波罗游记》中，是遍地黄金、流着牛奶与财富之地。发达的陆上和海上丝绸之路，将西域的珍馐瑰宝源源不断地运往元大都，大汗也在此接受万国来朝。大都，是世界的都城。

洪武元年（1368年）八月，明朝大将徐达攻陷元大都。由于元顺帝遁逃，攻防之战不甚激烈，城市并未被严重破坏，得以较为完整地保留下来。但由于城池过大，不利于防守，于是徐达决定将北城墙向南移5里（2.5千米），放弃城北。后来用城砖将城墙外侧包砌起来，以提高其防守能力。北京市内的明城墙遗址，便是那个时候修筑的。明太祖、建文帝时期，都城都不在北京，直到明成祖时期，于永乐元年（1403年）改北平为北京。永乐四年（1406年），开始筹划迁都北京，并在燕王府基址上营建西内，次年西内落成。永乐七年（1409年）在昌平天寿山营建寿陵。永乐十四年（1416年）起，开始模仿南京故宫营建北京宫殿。永乐十八年（1420年），建成紫禁城宫殿、太庙、太社稷、万岁山、太液池、十王府、皇太孙府、五府六部衙门、钟鼓楼，同时将南城墙南移800米，以修建皇城，自此，紫禁城正式落成。永乐十九年（1421年）明成祖正式迁都北京。

从那时候开始，北京城就成了中国的心脏，胡同就成了心脏上密集却井然有序的血管，而那些名人的旧居，则成为这颗心脏的发动机，驱动着整个大中华的历史风云。

乍一看，北京城里的胡同都是灰墙灰瓦，一个模样。其实不然，只要您肯下点功夫，串上几条胡同，再和那儿的老住户聊上一阵子，就会发现，每条胡同都有个说头儿，都有自己的故事，都有着传奇般的经历。在二环内的大小胡同里悠然行走，眼前出现的除了各种临街的小店之外，随便一个胡同口进去，便能看见紧闭的大门外的墙上贴着一块石碑，就知道这一定又是哪个名人的故居了。那些曾经在课本上、电视剧里见过的名人的名字就这样鲜活地出现在眼前，不禁让人开始遐想许多年前在这个宅子里所发生的故事。

北京的名人故居主要集中在东城和西城。比较著名的有鲁迅故居、梅兰芳故居、程砚秋故居、齐白石故居、老舍故居、茅盾故居等。这些故居有的修缮完好，已向游人开放；有的已成民居，仅可在门口瞻仰。但无论如何都要去走一走，触摸那百年的风云。

漫步在充满回忆的古城街巷间

当您早晨醒来，在北京的大街小巷散步，一出院门口，冷不丁就遇上一位大爷跟您说："起了您忒？""起了。""喝了吗您？""刚喝过。""得，我那儿正沏着呐，没喝我那儿喝去。"言语间一来一往透着的都是人情味儿。

老北京人的规矩讲究的是"礼儿"和"面儿"，不是宫廷礼仪，也不是官场上的逢场作戏，它来自于民间，是百姓当年自觉自愿遵守规则、靠实践得来的民俗，是经过数百年的演变，保留下来的精华和宝贵遗产。除了"您""借光"外，老北京人嘴边最常挂着的词就是"劳驾"，它适用于很多场合，比如在胡同内骑车碰上前面有人挡路，就会喊上一句"劳驾"，既提醒前面的人注意安全，又客气地请人家给自己让路。"劳驾"可以通俗地理解为"麻烦您挪挪身子"，后来就活用为"行个方便"。

京城有句俗语："北京人老礼儿多。"之所以这样讲，是因为北京的礼节体现在日常生活的方方面面，有礼有节就是北京这座城市的最大特征。第一次听说关于老北京的礼节，正是在老舍茶馆听戏的时候。古朴的戏台上，老艺人一板一眼地将北京礼节娓娓道来。不仅问早有问早的礼节，论起婚丧嫁娶、请客吃饭，也有它的规矩。

在老北京的饭桌上一般有"家宴""宾宴"和"便宴"之分。家宴是指家族自己过节和为各种喜庆活动而设的宴席；宾宴是宴请亲戚朋友的宴席；便宴则是家常便饭。老北京饭桌上各种礼仪十分讲究，折射出老北京的价值观念，自觉或不自觉地构筑了以"礼""孝""德""教"为内容的饭桌文化。

"礼"是指饮馔的礼节和礼仪。它反映了家族的道德观念和风俗习惯形成的礼节、仪式和个人的礼貌要求。家宴、便宴要以"长"（家长、长辈）为主，宾宴要以"客"为主，从而形成了许多规矩，尤其对孩子们更加严格。

有些习俗来源于帝王家，这儿有个传说，乾隆微服私访扮成个跟班的，他在给下人倒茶的时候，下人没法当庭下跪，便以食指和中指代替双腿，做成下跪的形状以谢罪。别人给您斟酒倒茶，懂礼儿的人就会用食指和中指在桌子上轻轻敲击三下，以示谢意。要是细究的话，食指和中指应该是弯曲起来在桌面叩击，这个叫"金鸡三点头"。

旧时，北京人探亲访友要携带礼物，讲究送"京八件"，即"大八件""小八件"。这原是清朝皇室王族婚丧典礼及日常生活中必不可少的礼品和摆设，后来配方由御膳房传到民间。其主要成分是精白面、白糖、猪油、蜂蜜及各种果料籽仁。所谓"八件"，即八样点心，一般有麻饼、枣花、卷酥等，刻上福、禄、寿、喜等不同字样，有圆形、桃形、正方形等，装在一个长方形纸板盒内。"小八件"是双份，共16件装在一个纸盒子里。过去，每当女儿回娘家、给长辈拜年等，都要去糕点铺买一盒"大八件"提在手中，大方而漂亮。后来，北京人送礼只要提一个装满各色糕点的纸盒即可，或是再提一个装满各种应时水果的小柳条筐，上盖一方红纸，便可走亲访友。现在来北京旅游，到全聚德、京味斋、小吊梨汤这种北京老店吃饭时，也不要忘了点上一份"京八件"，再听听服务员给您说说每道糕点的意义。

每到过年，贴对联就不用说了，从年初一到年十五，地坛、天坛的庙会可是热闹得很，适合全家参与。还有一些习俗，比如不论男女，年三十晚上都得在父母家过，不拜年、不串门，谓之"守岁"。子时钟声一响，晚辈得给长辈拜年，长辈给晚辈压岁钱。拜年的时候，男孩儿早年还要磕头，女孩儿早年还得跪安呢。现在说几句吉祥话，红包就进兜了，幸福感满满的。大年三十这天，家家户户得剥花生、嗑瓜子，弄满地皮子不许扫，就让它在脚底下踩来踩去的，这就是踩岁，有"踩祟"的意思。"踩"，也音同"财"，不能将"财"扫出去。

正是由于这些习俗的存在，让这个偌大而古老的北京城充满了人间烟火味道。行走在北京这座城市里，看大红灯笼挂满巷口，听虚掩着的门缝里传出来的孩子们嬉笑打闹的声音,看瓦房上的烟囱炊烟袅袅,看大年初一、初二里一家老小去逛庙会买东西,所有这些图景和着家里饭菜的香味勾勒出一幅美好生活的画卷。

这样一座有礼有节、热情好客的城市,正向世界展开双臂,期待您的到来。这样一座在融合中焕发新颜的城市,正向未来展开双臂,预备新的腾飞。

文艺作品里的名人故居

有多少人是从书里知道北平的呢?在文人墨客笔下,北平春夏秋冬的美都被写尽了。春天的北平像蒙上了一层粉红色的薄雾,古老的都城在薄雾里朦胧而梦幻。

周作人是住过北平的,所以您看他在《北平的春天》里连作诗两首,也还是不满意的,自说:"第二天除夕我又作了这样一首云:'东风三月烟花好,凉意千山云树幽。冬最无情今归去,明朝又得及春游。'这诗是一样的不成东西,不过可以表示我总是很爱春天的。春天有什么好呢,要讲它的力量及其道德的意义,最好去查盲诗人爱罗先河的抒情诗的演说,那篇世界语原稿是由我笔录,译本也是我写的,所以约略都还记得,但是这里誊录自然也更可不必了。春天是官能的美,是要去直接领略的,关门歌颂一无是处,所以这里抽象的话暂且割爱。"

文人说话讲究铺陈,到最后便是号召大家不要从书本上感受北平的春了,要像他一样,去白塔下看花的倒影,去玉渊潭嗅樱的清香,去后海感受杨柳拂面,去水长城下赏碧波荡漾的池水,去感受这座古老的城市的魅力。这才是周作人眼中的北平。

说起周作人,便不得不提及他的兄长周树人,中国的大文豪鲁迅先生。我们会走过鲁迅故居,那些曾在书本里出现过的熟悉的文章,在纪念馆里都能见到其真迹书稿。我们所熟知的闰土,鲁迅小时候看的小人书,都能勾起我们读书时的记忆。这位文学巨匠的一生正可以在这座大房子里略读一遍,其中有我们熟知的他的"弃医从文",以及我们并不熟悉的他的其他才华、他和家人的

第二章 /闲来话北京——名人故居

故事,甚至是在弥留之际的真实细节。

一山一水一文明,一春一秋一岁月。

秋就像是春的倒影,又有多少人对于金色北平的印象,是源于老舍的《北平的秋》呢?老舍是热爱北京的,您看他写北平时,秋都不仅仅是颜色了,还有各种好闻的味道、好吃的味道。他写道:"在太平年月,街上的高摊、地摊和果店里,都陈列出只有北平人才能一一叫出名字来的水果。各种各样的葡萄,各种各样的梨,各种各样的苹果,已经叫人够看够闻够吃的了,偏偏又加上那些又好看好闻好吃的北平特有的葫芦形的大枣,清香甜脆的小白梨,像花红那样大的白海棠,还有只供闻香的海棠木瓜,通体有金星的香槟子,再配上为拜月用的贴着金纸条的枕形西瓜,黄的红的鸡冠花,可就使人顾不得只享口福,而是已经辨不清哪一种香味更好闻,哪一种颜色更好看,微微有些醉意了!"您看,北平的秋就是这样,富饶而丰盛,美好而平和,欢乐和甜美的感

名/人/故/居

觉弥漫在空中，让人飘飘然，早已沉醉其中了。

在丹柿小院里住了好些年，他的《骆驼祥子》《茶馆》《四世同堂》，哪一本不是在北京生活的这些日子给他的灵感呢？所以呀，在他的故居里走一走，仿佛那些生活都在眼前浮现，真真切切地吸引着人呢。

除了书，还有电影。红极一时的《无问西东》里描述了多少革命志士和文人的故事，他们都在北京生活，奔走，呐喊，为祖国的安宁，为江山的完整，献出了自己的生命。在北京有李大钊故居，有杨昌济故居，还有千万革命者生活过的痕迹，这本就是一座革命的城市啊。我们不仅要随着时间的罗盘走，还要想改变点什么，学习点什么，这就是北京这座城市的魅力。

《建国大业》里出现的孙中山先生、宋庆龄女士等民主革命战士的身影，也为我们还原了一组中华人民共和国成立前夕的北平群像。无论是如今的宋庆龄故居，还是孙中山故居，在那时，一封封电报从那里发出，一场场讨论、演说在那里完成，祖国的命运在他们肩上，祖国的方向在他们手中。如今当您走进宋庆龄故居，会发现与一墙之隔的繁华热闹的后海相比，这里算是闹中取静；里面有美丽的回廊、嶙峋的山石和参天的古树，从故居环境就可以看出宋庆龄谦和宁静的秉性。

因为有着这些名人故居的存在，北京这两个字对于中国人来说，已不仅仅是国家首都的意义。当它张开双臂迎接您的时候，就将历史的书卷在您面前徐徐翻开，那些为国家前途奔走的名人志士，那些牺牲在卢沟桥边的忠魂烈骨，那些手无寸铁却走上战场为华夏命运斗争的平民百姓……亿万中华儿女把壮丽篇章写在这城市的大街小巷里，写在每一座故居、每一座纪念碑和每一个博物馆里，它们等待着与您一期一会，今生结缘。

第三章

京城故居往事

北京是一座有着3000多年悠久历史的城市，这里曾经出现过许多风流人物。千百年来，人杰荟萃，北京的文化很大部分体现在与北京有关的历史名人的足迹中。名人故居作为一种建筑，它既有历史的印记，也有时代变迁的烙印，它以其独特的方式诉说着故宅的沧海桑田。

第三章／京城故居往事

领袖故居

在古城北京的老街小巷间，刘少奇故居朴实无华的小院淹没在高大的玻璃幕墙间，相比那些将相王府，显得很"低调"。而在风景秀丽的什刹海后海北沿，则坐落着20世纪举世闻名的伟大女性、中华人民共和国的主要领导人之一——宋庆龄先生的故居。故居门前碧波荡漾，堤岸杨柳轻扬，院内曲径回廊，楼堂亭榭，山石嶙峋，绿树浓荫。

名/人/故/居

刘少奇故居

砖塔胡同内南四眼井胡同2号（原四眼井10号）是一座小型四合院，为西城区重点保护文物。1937年2月，刘少奇带领中共中央北方局机关由天津搬到北平，在此处居住。

北京市西城区砖塔胡同南四眼井2号

不对外开放

◇ 名人简介

刘少奇（1898—1969），生于湖南宁乡，伟大的无产阶级革命家、政治家、理论家，党和国家主要领导人之一，中华人民共和国开国元勋。

◇ 故居概况

故居位于砖塔胡同内南四眼井胡同2号，是一座小型四合院，为西城区重点保护文物。1937年2月，刘少奇带领中共中央北方局机关由天津搬到北平，在此处居住，当时他使用的化名是胡服，不过居住了一段时间后，就搬到鲍家街17号（今新文化街207号）了。

第三章 / 京城故居往事

宁乡的刘少奇故居

◎ 名人足迹

　　刘少奇的湖南故居位于湖南省宁乡市花明楼镇炭子冲村，是一座四合院式建筑，刘少奇就出生在这里，并在此度过了他的童年时光。而位于汉口友益街尚德里4号（原2号）的刘少奇故居是刘少奇在武汉从事革命活动时的住房。

> **Tips 出行小贴士**
> 　　原有的刘少奇北京旧居目前已经是民居。在游览时注意行为举止，不要打扰当地居民的正常生活。故居附近就是中央音乐学院，可以前去接受一下艺术的熏陶。

名 / 人 / 故 / 居

 宋庆龄同志故居

宋庆龄同志故居坐落在风景秀丽的什刹海后海北沿。门前水天相映、碧波荡漾,堤岸杨柳轻扬;院内曲径回廊,楼堂亭榭,湖水环绕,山石嶙峋,绿树浓荫,花香四溢。

- 北京市西城区后海北沿46号
- 4月1日至10月31日 9:00—17:30;
  11月1日至次年3月31日 9:00—16:30
- 成人 20元;大学生凭学生证 10元

◇ **名人简介**

宋庆龄(1893—1981),伟大的爱国主义、民主主义、国际主义和共产主义战士。她青年时代追随孙中山献身革命,在近70年的革命生涯中,坚强不屈、矢志不移、英勇奋斗,为中国人民的解放事业,为妇女儿童的卫生保健和文化教育福利事业,为祖国统一以及保卫世界和平、促进人类的进步事业做出了不可磨灭的贡献,受到人们的景仰和爱戴,享有崇高的威望。

第三章 / 京城故居往事

◎ 故居概况

宋庆龄故居坐落在北京风景秀丽的后海北沿，占地面积2万多平方米，建筑面积约5000平方米。

故居原为清康熙年间大学士明珠的府邸花园，乾隆年间为和珅别院，嘉庆年间为成亲王永瑆的王府花园，后为光绪父亲醇亲王奕譞的府邸花园，清末又为末代皇帝溥仪的父亲载沣的王府花园，即摄政王府花园，在这里住过的不是皇亲贵族就是一品官员。

中华人民共和国成立前夕，这里已经荒芜凋敝。后周恩来总理受党和政府委托，筹建宋庆龄同志在北京的住宅，于1961年将这座王府花园重新整修，并在原有建筑基础上向西接建了一座仿古式两层主楼，这座新楼与古建庭院浑然一体，辟成了一座优雅安适的宅院。1963—1981年，宋庆龄在此生活工作了18年，直至逝世。1982年这处院落被国家命名为"中华人民共和

展柜里宋庆龄曾经穿过的旗袍

国名誉主席宋庆龄同志故居"。

故居门前水天相映、碧波荡漾,堤岸杨柳轻扬;院内曲径回廊,楼堂亭榭,湖水环绕,山石嶙峋,绿树浓荫,花香四溢,是一处雍容典雅、幽静别致的庭园。这座故居既保留着王府花园的布局和风格,又融入了西方别墅的特点,是一处中西合璧的园林。园林内碧水回环、山石嶙峋、花木荟萃、芳草萋萋,楼堂亭榭,错落其间。

从故居东大门进入,便可看到长廊,长廊南接南楼,北通东厅,东接王府宅院,长廊中间建有恩波亭。后海水从西端引入,绕园一周,形成园中南湖,从东端流出园外。

顺小路往西行是建在假山上的箑亭和听雨屋,都是醇王府原有的建筑。箑亭形状像一把打开的扇面,站在亭上可观赏墙外后海的美景。"箑"即古"扇"字,匾额是醇亲王奕譞所题。听雨屋牌匾为载洵所题,与箑亭相呼应,隐喻风调雨顺。

宋庆龄的塑像端庄慈祥

　　箑亭前面有一棵卫矛，初夏开小白花，昼开夜闭，被称为明开夜合树，是康熙年间大学士明珠之子、清代第一词人纳兰性德所植。

　　在南湖西侧有接福石和老石榴桩景。接福石是醇亲王府西花园的旧物，"接福"二字篆刻在太湖石上，石后栽种青松，寓意接纳福气，诸事顺遂。栽种在明代紫砂盆中的老石榴桩景原为皇家之物，据传植于清乾隆年间，至今已有200多年历史，宋庆龄生前十分喜爱这棵老石榴，它在1988年被专家誉为"国宝盆景"。

出行小贴士

参观者应自觉遵守旧居有关规章制度，人多时不要拥挤，应按顺序边看边走。不宜在一件展品前长时间驻足，以免影响他人欣赏。

王侯院落

作为历代王朝的都城，北京有着独特的都城文化，而曾经深居于这座古老都城最精致的院落的主人们，都是书写历史的显赫人物。曾经的雍亲王府如今是一座香火旺盛的佛教寺院，曾经的恭王府如今成了游客们趋之若鹜的热门景点，而那些依旧大门紧闭的昔日的王府大院，如今也成了人们回顾历史的好去处。

名/人/故/居

雍亲王府

和硕雍亲王，是清朝的一个亲王爵位。康熙四十八年（1709年），清圣祖康熙帝玄烨四子胤禛被封为和硕雍亲王，后胤禛即皇帝位，此爵位未有继承。

> 北京市东城区雍和宫大街20号
> 4月1日至10月31日9:00—16:30；
> 11月1日至次年3月31日9:00—16:00
> 25元

◎ 名人简介

爱新觉罗·胤禛（1678—1735），满族，清朝第五位皇帝，清圣祖康熙第四子，母为孝恭仁皇后，即德妃乌雅氏。1722—1735年在位，年号雍正，庙号清世宗，葬清西陵之泰陵。雍正在位时期，平定了罗卜藏丹津叛乱，设置军机处加强皇权，实行"改土归流""火耗归公"与"打击贪腐"等一系列铁腕改革政策，对康乾盛世的延续具有关键性作用。

◎ 故居概况

原来的雍亲王府的主体经过多次修缮，改造成了现在规模宏伟的雍和宫，

雍和门，也就是天王殿，主供布袋和尚，两侧为四大天王

每到初一、十五，雍和宫总是人潮涌动。许多人前去祭拜的前一晚，还会沐浴焚香，以表自己虔诚之意。这座北京市内最大的庙宇，的确值得您特意前往。雍和宫在明代位于太保街，北京城东北角。那时作为明末太监们的官房，规制很低，只比老百姓的民房稍高一些，灰瓦的屋顶和简陋的庭院没有什么特殊之处。康熙三十三年（1694年），康熙帝在此地为皇子胤禛修建了一座府邸，它就是雍和宫的前身。

雍亲王府的建筑是皇宫的缩小版，大小殿宇、连房及东书院内各建筑，

名/人/故/居

王府前威武的狮子

总共有1200间以上。原来除正路天王殿、雍和宫、永佑殿、法轮殿、万福阁之外，还有东书院、平安居、如意室、太和斋以及海棠院、花园等处。

雍正迁入紫禁城后，闲置的王府一半辟作藏传佛教格鲁派高僧修行的僧院，另一半留作行宫。雍正三年（1725年），行宫失火被焚后，剩余的一半改名为雍和宫，定为"龙潜禁地"。

乾隆九年（1744年），雍和宫正院改为喇嘛庙。乾隆帝之所以将雍和宫改为喇嘛庙，正如他在《喇嘛说》碑文中所述："盖因蒙古奉佛，最信喇嘛教，不可不保护之，以为怀柔之道。"并以喇嘛教来保全"大清基业万年磐石之安"。

正因如此，雍和宫在神御殿供奉雍正皇帝的影像，使寺院具有奉佛和供奉清帝祖先的双重职能。

1
2

1. 雍和宫香烟缭绕
2. 王府精美的木质门窗

Tips 出行小贴士

由于雍和宫是礼佛场所，在游览时也有更多的注意事项。例如，要沿左右两侧而入，不可行走正中央，以示恭敬。若靠门左侧行，则先以左脚入，靠右侧行则右脚先入。除佛经、佛像及供物之外，其余不可带入。在殿内不可谈世俗言语，更不可大声喧哗，除听经闻法、全体禅坐外，不可坐于殿内，即使讨论佛法，亦不可高声言笑。

名/人/故/居

 恭王府花园

　　恭亲王为重建花园调集百名能工巧匠,增置山石林木,彩画斑斓,融江南园林艺术与北方建筑格局为一体,汇西洋建筑及中国古典园林建筑为一园,建成后曾为京师百座王府之冠,是北京现存王府园林艺术的精华所在,堪称"什刹海的明珠"。园中的西洋门、御书"福"字碑、室内大戏楼并称恭王府"三绝"。

📍 北京市西城区前海西街17号
🕐 4月1日至10月31日8:00—17:00;
　11月1日至次年3月31日9:00—16:00
¥ 40元

◎ 名人简介

　　爱新觉罗·奕䜣(1833—1898),号乐道堂主人,清末政治家、洋务运动主要领导者之一。道光帝第六子,道光帝遗诏封"恭亲王"。

◎ 故居概况

　　恭王府花园是位于恭王府后的一座独具特色的花园,又名萃锦园,南北长

恭王府花园

约150米，东西宽170余米，占地面积2.8公顷。建于1777年，据考证是在明代旧园上重修的，有古建筑31处。全园布局分中、东、西三路。中路的建筑是花园主体。花园的正门与前部王府建筑由一过道相隔，是一座具有西洋建筑风格的汉白玉石拱门，处于花园中轴线的最南端。进门后有"独乐峰"，是一块高5米多的太湖石，虽是园中点缀，但起着屏风的作用。过了独乐峰，正北是海渡鹤桥，过桥为安善堂。安善堂是一座宽敞大厅，当时恭亲王在此设便宴招待客人。越过安善堂，便是韵花铓，这是一排堂阁小屋，过此即是全园的主山"滴翠岩"。山上有平台名"邀月台"，额曰"绿天小隐"。山下有洞，曰"秘云洞"，著名的康熙"福"字碑即在洞中。中轴线的最后一组建筑是倚松

恭王府花园

屏和蝠厅，是消夏纳凉的好地方。

　　东路的主要建筑是大戏楼，建筑面积685平方米，建筑形式是三卷勾连搭全封闭式结构。厅内南边是高约1米的戏台，厅顶挂着宫灯，地面方砖铺就。这里除了演戏之外，还是当年恭王府中举办红白喜事的地方。大戏楼南为怡神所，是当年赏花行令之所。此外，东路还有"曲径通幽""吟香醉月""踪蔬圃""流杯亭""垂青樾""樵香径"等景点。

> **Tips 出行小贴士**
>
> 在花园游览时注意不要攀折花木，保持环境卫生。不要拥挤，不要嬉闹奔跑，保持安静。

和敬公主府

和敬公主府中建筑经多次修缮，只有格局保持原貌。

> 📍 北京市东城区张自忠路 7 号
> 🕐 不对外开放

◎ **名人简介**

固伦和敬公主（1731—1792），清代嫡出公主，清高宗乾隆帝第三女，母孝贤纯皇后富察氏。乾隆初年，封今位号。乾隆十二年（1747年）三月，嫁科尔沁博尔济吉特氏辅国公色布腾巴勒珠尔，因乾隆帝不忍爱女远嫁，破例准其留驻京师，其府邸为清代唯一一个固伦等级的公主府。乾隆五十七年（1792年）公主去世，葬于北京东郊，衣冠葬于今公主岭市附近其领地内。

◎ **故居概况**

和敬公主府占地面积1000多平方米，坐北朝南，是一座由五重房屋建筑组成的四进院落。因和敬公主被封为固伦公主，故该府的规制是与亲王府相同的固伦公主府，即正门五间、启门三间、正殿五间、翼楼各九间、后殿五间、后寝七间、后楼七间。后因府主世降一等袭爵，已不具备"亲王"身份，遂将

公主府现为和敬府宾馆

府门由五间改为三间，主要建筑上的脊兽由螭吻改为望兽，但府第的规模、格局未变。又因府主的变更，和敬公主府先后被称为棍公府、那公府、达公府、达贝子府。

公主府民国后成了北洋军阀政府陆军部所在地，现为和敬府宾馆，中路主要厅堂均保存完好，为北京市文物保护单位。

公主府外围墙壁上有精美的雕刻

◎ 名人足迹

固伦和敬公主的遗体葬于北京东郊的东坝镇附近,与色布腾巴勒珠尔合葬。当时根据色布腾巴勒珠尔家族政治、经济地位上的需要,将固伦和敬公主的衣冠埋于自己的领地,即今公主陵遗址。按照清朝的惯例,只有皇帝之墓称陵,而此处之所以称公主陵,其原因有二:一是固伦和敬公主生前深受乾隆皇帝的宠爱,

公主府大气的大门

其夫又战功卓著；二是葬于科尔沁领地，距京遥远，称陵以提高其政治地位。

公主陵位于吉林省公主岭市北郊5000米的土岭上。土岭有九峰，中峰最高，公主陵就坐落在"九凤朝阳"的中峰脚下。此地原为科尔沁左翼中旗，是科尔沁境内地势之冠，所以固伦和敬公主墓建在此处。

Tips 出行小贴士

公主府现今为宾馆，不对外开放，所以只能在外围游览，不可擅自进入府内。

第三章 / 京城故居往事

循郡王府

几百年过去了,王府门前的石狮依旧挺立。循着大门进去,木影壁仍保存完好。几座院落建制规整,可以遥想往日繁华,如今看来似乎有些冷清,不免引人遐想古今。

📍 北京市东城区方家胡同13号、15号
🕐 不对外开放

◇ 名人简介

循郡王(1735—1760),名永璋,是乾隆皇帝第三子,去世后被追封循郡王。永璋无子,至乾隆四十一年(1776年)始过继成亲王永瑆第二子绵懿为嗣子。乾隆五十二年(1787年),绵懿始袭贝勒。

◇ 故居概况

循郡王府,是现存较少的贝勒府形制的府第。王府坐北朝南,原建筑面积1210平方米,占地广阔,原由东、西两部大型四合院组成,现已残毁过半,剩余部分也大多经过了重修。

入西部正院第一进院,有正房五间,前后廊硬山顶建筑;东西厢房各三

45

台阶上历经风雨的条石

间,南面各带耳房一间。第二进院格局大体类似,五间前后廊硬山顶正房,东西厢房各三间,另加一间耳房。二进院之后的建筑面目全非,建有一幢四层半的教学楼。西部正院西跨院现存一座三进的院落。从正门入口左侧西跨院月亮门拐入其倒座院,往西入第二进的狭长小院,再入垂花门进其主院,院落保存相对完整。院有正房三间,前后廊硬山顶建筑,进深较大,院两侧各有厢房三间。第三进院的原有建筑尽失,分别建有四层和五层的办公楼。

Tips 出行小贴士

走进幽静的王府故地,在感受历史留给世人那份岁月的沉静时,不要在庭院内大声喧哗,让宁静永远留在这片院落之中。

僧王府

巷内幽静典雅，古树颇多，门前的红栏青瓦还清晰可见，但围墙内停放的自行车仿佛在告诉来人，当年的王府已成了普通的民宅。走在这样的巷子里，不免有一种穿越之感。"旧时王谢堂前燕，飞入寻常百姓家"，令人唏嘘不已。

◎ 北京市东城区板厂胡同 30 号、32 号
◎ 不对外开放

◎ 名人简介

僧格林沁（1811—1865），博尔济吉特氏，晚清名将，蒙古科尔沁旗（今属内蒙古）人，贵族出身，善骑射。道光五年（1825 年），入嗣袭扎萨克多罗郡王。旋入京，为御前行走。道光十四年（1834 年），授御前大臣。后历任领侍卫内大臣、正蓝旗蒙古都统、镶白旗满洲都统等职，颇得道光、咸丰两帝宠信。

僧王爷一生戎马倥偬，有一首科尔沁民歌曾传唱他的故事："嫩江十旗为羽翼，大漠南北为僚佐，攘外安内僧王爷，威震四海重竹帛。"

名/人/故/居

门前路灯上挂着大红色的中国结

◎ 故居概况

僧王府，全称僧格林沁府，位于东城区板厂胡同30号、32号。清道光六年（1826年），僧格林沁出银6690两认买了前任杭州织造福德入官的房屋117间。认买后，进行改建，与西部的原府连在一起，构成由东、中、西三所四进院组成的王府。其中东所除正院四进外，还有东院四进。东所的大门被改建成五脊六兽三开间的府门，以符合亲王府制，王府的正殿仍在中所正院。

胡同南侧有一面大照壁正对府门，府门两旁有上马石，上马石旁有一对雕石盉灯；府门里两厢置兵器架，兵器架上插着两排"阿虎枪"，面阔五间的腰

第三章 / 京城故居往事

门前精雕细刻的门墩

厅和垂花门、后罩房等均有抄手廊相连，院内有假山、水池和爬山廊、游廊、花厅、亭、台等建筑。正殿台阶五层，举架高大，有脊兽；每间面阔一丈有余，进深超过两丈；殿内用"金砖"墁地，墙上挂着一幅僧格林沁头戴秋帽、身穿"巴图鲁"鹿皮坎肩的油画像。

Tips 出行小贴士

原有的僧王府面积很大，如今建筑已经被胡同截开，改为民居，在游览时注意轻声细语。

49

名/人/故/居

醇亲王府

这座宅园原是康熙年间大学士明珠的宅第,是目前最为人熟知的醇亲王府。

- 北京市西城区后海北沿 44 号
- 010-64044205 / 64035858
- 王府不对外开放,仅醇王府花园(现为宋庆龄同志故居)对外开放

◎ **名人简介**

爱新觉罗·奕𫍽(1840—1891),字朴庵,号九思堂主人,又号退潜主人。道光帝第七子,咸丰帝异母弟。晚清政治家,光绪初年军机处的实际控制者。光绪十一年(1885年)出任新成立的海军衙门总理大臣。在他和李鸿章等人的努力下,截至光绪十四年(1888年),一支由"定远"和"镇远"两艘铁甲战舰领衔的北洋海军终于成军,成为远东地区首屈一指的海上武装力量。

◎ **故居概况**

醇王府是国家重点文物保护单位,为清代规模较大的一座王府。醇王府历经了清王朝由鼎盛而至衰亡的历史进程,承载了极其丰富的历史文化信息。

第三章／京城故居往事

金碧辉煌的王府

这座宅园的历史可以追溯到清初。它原是康熙朝大学士明珠的宅园,明珠的长子、清初颇具才名的词人纳兰性德就是在此宅出生的。到了乾隆晚期,和珅擅权,他垂涎明珠家藏的珍宝和富丽的宅园已久,屡向明珠的后人成安敲诈勒索未遂,后罗织罪名,将其家产籍没,宅园据为己有。嘉庆四年(1799年)仁宗将和珅赐死,家产籍没,将宅园赐给其兄成哲亲王永瑆,按照王府的规制将此宅重修改建，是为成亲王府。光绪年间，转赐给醇亲王奕谭做府邸。

醇王府分南府、北府和花园。醇王府北府分为府邸和西部的花园（现为宋庆龄同志故居）两大部分。府邸部分又分为东、中、西三路。中路是其主体建筑，自南而北有街门五间。进入外院后有二门，此门才是王府正门，面阔五间。此后为正殿银安殿，面阔五间，东西有配楼各五间。正殿后是一组自成院落的屋宇，自三间过厅入，正面是正房五间及其配房，按规制此处应属后寝。最后为后罩楼，面阔九间，各种庆典在此举行。后寝成为供奉神、佛和远祖的神殿。东路建筑主要是家祠和佛堂及一些从属建筑，东墙外院落为王府马号。西路有两组院落并列，是醇王府的活动中心，主要建筑为宝翰堂，即大书房。其后的院落，正厅名九思堂，是太妃居处，再后名思谦堂，是王妃住所。

醇亲王府北府的正殿配楼

醇亲王府北府的正殿银安殿

醇王府花园整体为长方形，占地近2.7万平方米。其中山地面积约5500平方米，水面面积约3400平方米，陆地面积约5700平方米，园北侧和西侧隙地约8200平方米，其余用地约4000平方米。

园内原来四面假山环绕，但东部山体很小。这样使得府邸部分与花园的一体感更强，且方便在府内观赏花园景色。另据溥任先生在《后海北岸的醇亲王府》一文中回忆，东部的山临园门，为山屏，所以其主要作用是碍景，遮挡入园后东北部通往南部的视野通廊。花园山体的内侧四面布置水面，北、东、西三面为渠，南面开挖成一汪较宽阔的水面，称为南湖，水岸均用石头错杂垒砌，这样花园内便形成"山环水绕"的山水格局。

名/人/故/居

◎ 醇亲王府的南府

明清时期，在风景如画的太平湖畔，坐落着一座金碧辉煌的王府，这就是清朝光绪皇帝的出生地——醇亲王府南府。

醇亲王南府位于西城区太平湖东里，原为荣亲王府。荣亲王永琪是乾隆第五子，乾隆三十年（1765年）封荣亲王。王府坐北朝南，分中路和东、西路及花园。现中路府门三间，两侧有八字影壁，内有东西二门至东西院。中路新建礼堂一座，尚保存二进四合院。东路院落保存较好，西路古建筑大都已被拆除。民国时，王府曾被改建为民国学院。20世纪50年代由机关使用。王府东起鲍家街、太平湖西岸及西城垣，南起今太平湖东里之南西向段，北至宗帽胡同头条。南府现为中央音乐学院，是西城区保护文物。

醇王府北府如今为国家宗教事务局的办公场所，不对外开放。

第三章 / 京城故居往事

庆王府

这座爱新觉罗·奕劻的府邸几经风雨,百年间大起大落。谭鑫培、王瑶卿、陈德霖、杨小楼等都到此唱过戏。1971年2月4日晚,在演出《红灯记》时,后台剧务人员因吸烟不慎引燃道具、幕布等,火势蔓延后将庆王府戏楼焚毁。如今王府已成民居,让人不禁唏嘘。

📍 北京市西城区定阜街3号

🕐 不对外开放

◎ 名人简介

爱新觉罗·奕劻(1838—1917),晚清宗室重臣,清朝首任内阁总理大臣,满洲镶蓝旗人。清高宗爱新觉罗·弘历曾孙,庆僖亲王爱新觉罗·永璘之孙,初封辅国将军,后晋爵贝子、贝勒、郡王衔等。光绪二十四年(1898年),加恩世袭罔替,成为铁帽子王。光绪二十六年(1900年),八国联军侵华,他受命与李鸿章于次年代表清政府签订《辛丑条约》。

◎ 故居概况

该故居是清代4个恩封世袭罔替亲王府之一。该府原是道光朝大学士琦善

门墙上的瓦上落满了黄叶

的宅第。琦善因擅许割让香港获罪，被逮捕查办并籍没家产。其宅被没收后闲置。咸丰初年，恭亲王奕䜣获赐庆亲王老府为邸，居住该邸的庆亲王永璘六子绵性之子奕劻（已世袭递降至辅国将军）迁至闲置的原琦善宅。据咸丰五年（1855年）内务府档案记载："奕劻奉旨赏换定阜大街官房一所，共记一百六十余间。"

光绪十年（1884年），奕劻被晋封为庆郡王后，按王府规制对住宅进行了改建，其府始称为王府。该府占地宽敞，建筑宏伟，东起松树街，西至德内大街，南起定阜街，北至延年胡同。府中建筑分为东、中、西三部分，五个并排院落。中部是主要殿堂，其中大部分已被拆除建成了楼房，只剩一座后寝。东部亦被改建得面目全非。保存基本完整的西部，是王府的居住区，有三组并排的院落。错落的屋宇，曲折的回廊，都呈现出华丽精致的面貌。原厅堂各有名称，并悬挂匾额。在小宫门北的第三进院落中，有面阔五间的正房（带有一房之深的廊子，四根朱红大柱挺立其间，灰色筒瓦双脊顶），此房是奕劻居住的

| 1 | 1. 庆王府西二路二进院西房东立面 |
| 2 | 2. 庆王府西一路三进院正房南立面 |

宜奋堂，其书房右为约斋，客厅叫契兰斋。其他还有静观堂、承荫堂、乐有余堂（其长子载振的住室）、爱日堂等。

◎ **名人足迹**

在天津也有一个庆王府，但这个王府的主人不是奕劻，而是他的长子载振。宣统退位后，载振即携家眷避居天津，分别居住在德租界和英租界自置的宅院内，不久又迁回北京府内。1925年，载振购得小德张的这所宅院后，即随

名／人／故／居

庆王府 西三路二进院正殿北立面

家眷迁居天津，于是天津也有了一座"庆王府"。

此庆王府位于天津市和平区重庆道（原英租界剑桥道）55号，地处天津历史风貌建筑最集中的"五大道历史风貌建筑区"腹地，为天津市特殊保护级别的历史风貌建筑和天津市文物保护单位。

Tips 出行小贴士

原有的北京旧居目前已被单位占用，游览时不要大声喧哗，保持安静。恭王府就在附近，可以一道游览。

郑王府

清代规模较大的一座王府,清师入关,定鼎中原,清世祖以此第赐其从叔郑亲王济尔哈朗。郑王府的名称便是因此而来。这里也曾是钟郡王奕詥的宅邸。

北京市西城区大木仓胡同 35 号

不对外开放

名人简介

爱新觉罗·济尔哈朗(1599—1655),和硕庄亲王爱新觉罗·舒尔哈齐第六子,努尔哈赤之侄,母为舒尔哈齐五娶福晋乌喇纳喇氏,布干贝勒之女。

济尔哈朗自小就生活在努尔哈赤的宫中,由努尔哈赤加以抚养,所以他与努尔哈赤的儿子们关系很好,尤其与皇太极的关系更是非同一般。济尔哈朗从青年时代起就追随努尔哈赤南征北讨,因军功受封为和硕贝勒,是努尔哈赤时期共柄国政的八大和硕贝勒之一,也是皇太极时代四大亲王之一。他是清朝历史上除多尔衮外唯一一位受"叔王"封号的人。后入享太庙。

济尔哈朗从后金到清初,历经三代满族统治者,代代都受到重视和宠信,权势极重,在清朝历史上留下了不可磨灭的印记。

名/人/故/居

外墙上联排的花窗

◎ 故居概况

郑王府位于西城区大木仓胡同，明永乐中为姚少师广孝赐第。清师进关，定鼎燕京，世祖以此第赐其从叔郑亲王济尔哈朗，是清代开国元勋济尔哈朗的封邸。王府建成后，历代袭王均有所修缮和扩建，最大的一次是第八袭次袭王德沛对府西部花园的扩建，并将花园命名为"惠园"。

王府坐北朝南，原布局自东而西分三部，东部前躯突出，是王府主要殿宇所在；中、西部盖因随街势退缩，中为另一院落和西部花园范围。该处最为著名的是它的花园，名"惠园"，是京师王邸花园中的最佳者。

现存建筑，只东部残留，有街门，面阔三间；正门面阔五间，前出踏步之

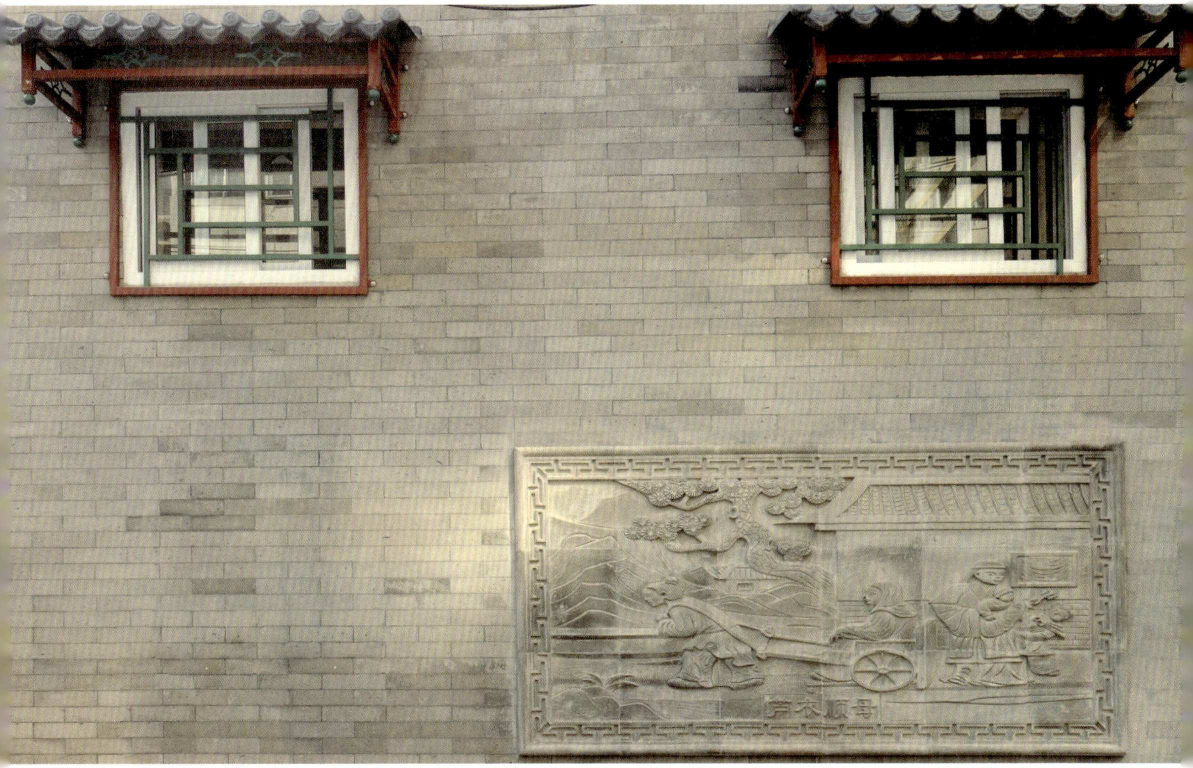

墙上有精美的石雕

间，浮雕丹陛犹存；正殿面阔五间，台阶间亦存丹陛；并存东配楼面阔五间，西配楼只剩靠北面阔三间；最后为正寝，面阔五间。中国大学使用时改名逸仙堂，今尚延用。原有后罩楼和一些附属建筑被拆除，西部花园现另建二龙路中学。郑王府今为国家教育部、中国教育基金会所在地，为北京市重点保护文物。

Tips
出行小贴士

在游览时注意仅可在大门外参观，不要打扰学校的正常运转。

名/人/故/居

涛贝勒府

  1925年，美国公教司铎奥图尔博士受罗马教廷委托，长期租用前清朝涛贝勒府旧址筹办公教大学，即后来的辅仁大学。1929年6月，辅仁大学为了自身的教学质量，决定停办预科，改办三三制附属中学，高中部随大学部设在李广桥西街十号（今柳荫街27号）涛贝勒府。

> 📍 北京市西城区柳荫街27号
> 🕐 不对外开放

⬡ 名人简介

  爱新觉罗·载涛（1887—1970），字叔源，号野云（一说夜云），满洲正黄旗人，清末宗室，晚清重要政治人物。

⬡ 故居概况

  在王府里上学是怎样一种体验？北京市第十三中学的校址原来就是这位贝勒爷的家。涛贝勒府位于西城区柳荫街27号，现为北京市文物保护单位。这里原是康熙第十五子愉郡王允䄉居住的愉王府，光绪二十八年（1902年），醇贤亲王奕譞的第七子载涛过继给钟郡王奕詥为嗣，承袭贝勒爵，迁居于愉王府，

涛贝勒府现在是北京市第十三中学

作为贝勒府,称涛贝勒府。

故居现存古建筑约1000平方米,坐北朝南,有门东向,分中路和东路及西路。中路有四进院落,东路亦有四进院,后三进院为三合院。西路只有前后三排房子,西为戏楼。南为花园,有长廊、亭、花厅、假山等。

涛贝勒府古朴典雅,绿树成荫。主体建筑古色古香,是旧北平著名三大中西合璧建筑之一。涛贝勒府的主楼仿佛是一座中国宫殿式城堡,以两层楼围合成封闭的院落,主入口在南边的中间,门楼三层,进门后一座南北向的楼房又将院落划分为两个近似方形的院子。东南西北四角各矗起一座三层的角楼,整座建筑中轴线明确,完全对称。主入口有两层的汉白玉圆券拱门,上有精美石雕,第三层是挑出的抱厦,屋顶覆以绿色琉璃瓦。在主楼正立面上,还使用了许多中国古典建筑的细部做法,如汉白玉的须弥座、红色雕花的木制窗框、大门墩柱上蹲伏的石狮等。至今这里依旧保留着清代宫廷的痕迹,长廊、楼亭、花厅、假山,一样都不少。由于没有经过大的装修和整治,因此徜徉其中,还能感受到曾经的庄重森严的气势。

名/人/故/居

1 | 2
  | 3

1. 学校的院墙还保留着原先的风格
2. 院墙上的精美装饰
3. 在此环境中求学的学子

Tips 出行小贴士

原有的旧居目前已经是北京市第十三中学。在游览时注意仅可在大门外瞻仰,不要打扰学校的正常运转,更不能随手丢弃垃圾和吸烟,要做到安静游览、文明游览。

婉容故居

帽儿胡同 35 号、37 号的旧宅院,原为清朝末代皇帝溥仪的皇后郭布罗·婉容婚前的住所,为婉容曾祖父郭布罗·长顺所建。

> 📍 北京市东城区帽儿胡同 35 号、37 号
> 🕐 不对外开放

◎ 名人简介

郭布罗·婉容(1906—1946),字慕鸿,号植莲,满洲正白旗(达斡尔族),清朝逊帝溥仪的妻子,清朝末代皇后。

婉容其人举止端庄,谈吐文雅,仪态不凡,在她的身上,既可以看到中国女性的传统美德,又可以看到西方教育的影子,她的人生则随着时代的风起云涌而发生了翻天覆地的变化。婉容的一生,无疑是精彩的一生。去南锣鼓巷逛的时候,不妨在婉容故居停留片刻,寻找这位传奇女子留下的窈窕身影。

◎ 故居概况

婉容故居由东、西两路组成,其中西路为居住区,由四进院落组成,东路为一小型私家园林,有三进院落,两路原共用东侧宣统年间改建而成的三间大

故居的大门

门。婉容被册封为皇后,此处便是皇后潜邸,按规制将府门及前院扩大。

改建后的府门面阔三间,筒瓦过垄脊,中间开门,左右两次间为坎墙格扇窗形式。门前一对上马石,门内有一字形大影壁,原左右各四扇屏门,进西屏门,即进入西路院子。南倒座房七间,北为一殿一卷垂花门,带抄手廊,围合而成第二进院落。游廊东边有屏门通往花园,西边有屏门通往后院夹道,院子北侧为带东西耳房的三间穿堂房。再后为第三进,即正房院,院内正房五间,前后出廊,左右各带一间耳房,东西配房各三间,均带前廊。西院建筑均为硬山合瓦顶,清水脊。婉容故居最精美之处是正房的室内装修,顶有井口天花,明间有一槽精致的栖凤牡丹落地花罩,西次间有一槽七扇椭圆形玻璃镜屏,西稍间北壁镶嵌整面水银玻璃镜,东次间、东稍间还有碧纱橱,为普通民居所罕见。

1. 外墙上的故居介绍
2. 故居的中国风大门

经过东耳房外过道可进入第四进院，有后罩房七间带前廊，屋面已翻建。

如今，故居西路为某单位宿舍，东路为单位办公用地，游客只能在故居门外想象这里往日的繁华景象。

由于婉容故居不对外开放，游人只能在门口停留和缅怀。请注意游览时不要大声喧哗，以免打扰到目前在此居住的人们。

三

重臣府邸

皇城脚下没有太平事，王朝的更迭，国运的衰落，西方列强的入侵……那些曾经的皇族显贵也无法从命运的手掌中逃脱，也许只有那些最后的高墙大院，才可以锁住往日的繁华。无论是固国安邦的洪承畴，还是为大清平定边疆之乱的左宗棠，抑或是权高盖世的荣禄王爷，都在这座城市的高墙大院里，留下了谜一样的往事。

名/人/故/居

洪承畴故居

如果看过《明朝那些事儿》,对于故居主人洪承畴跌宕起伏、戎马一生的过往会有所了解。其府邸虽然简陋,却依旧散发着时代的韵味。

📍 北京市东城区南锣鼓巷59号

🕐 不对外开放

◆ 名人简介

洪承畴生于明万历二十年(1592年),卒于清康熙四年(1665年),字彦演,号亨九,福建南安人,明万历进士。崇祯年间任兵部尚书,镇压李自成农民起义军,是一名骁勇善战的武将,被誉为开清重臣。

◆ 故居概况

据资料记载,南锣鼓巷59号是洪承畴的旧宅。走过方砖厂胡同,再走过黑芝麻胡同来到南锣鼓巷,看到的第一个院门正是59号。门小而简陋,推门进去,院内狭小不堪,没有任何高官府邸的迹象,不禁让人失望至极。

除故居外,洪承畴还有一所赐园。园子位于东城区东晓市街,台书院旧址,人称"洪庄"。康熙三十九年(1700年),京兆尹钱晋锡在宛平、大兴

外墙上有关于洪承畴故居的介绍牌

分设义学,其中大兴义学租洪庄的房舍办学,后来宛平义学也合并到洪庄,称"首善义学"。

后任京兆尹施世纶想买下洪庄的一些空地,扩建义学为书院,但是洪氏之孙奕河不同意。施世纶用智谋向皇帝上疏,谎报洪氏后人愿意献地办学。康熙帝很高兴,并御书"广育群才"匾额,奕河有苦难言,只得献地。

首善义学在原基础上增建校舍,扩大规模,并于乾隆十五年(1750年)改名为"金台书院"。后该书院在道光年间和光绪年间进行过两次大规模重

名/人/故/居

1 | 2
1. 故居古朴的檐瓦
2. 门前络绎不绝的游客

修，房屋达60余间。光绪三十一年（1905年）科举制废除，书院停办，改为顺直学堂，民国时期改为公立第十六小学，中华人民共和国成立后改为东晓市小学。

现书院的主要建筑基本保存完整，目前为北京市文物保护单位，未对外开放。

Tips 出行小贴士

故居内的墙皮均有脱落的现象，作为文明的旅游者，不要随意触碰这些被时光剥蚀的痕迹，让更多人看到岁月留在古建筑上的痕迹。

文煜宅

清代大臣的宅院也有不少藏在胡同里，文煜故居就是其中之一。清代的大官府邸大都是深宅大院，不免给人一种庄严宏大之感。

- 北京市东城区帽儿胡同 11 号
- 不对外开放

◎ 名人简介

费墨·文煜（1820—1884），费莫氏，字星岩，满洲正蓝旗人，历任刑部侍郎、直隶霸昌道、四川按察使、江宁布政使、江苏布政使、直隶布政使、山东巡抚、直隶总督等要职，后曾一度被免职。同治三年（1864年）重获起用，历任福州将军、刑部尚书、总管内务府大臣等职。光绪七年（1881年）授协办大学士，光绪十年（1884年）复拜武英殿大学士，不久病故，身后赠太子少保，谥号"文达"。

◎ 故居概况

宅园共有五座院落，其中7号占两座，破坏最为严重，9号即著名的可园，11号和13号为狭长的大型四合院，彼此相连，共同构成了这座宏伟的显宦豪宅。

名/人/故/居

1	1. 故居掩映在树丛中
2	2. 故居大门极具文物感

可园南北长约97米，东西宽约26米，分为前后两院，前院中心有池沼，后院中心是假山，各自独自通过东部的长廊贯通。

进入东南角的大门之后，即垒有假山，起屏障作用，山上建有一座小巧玲珑的六角亭。向西穿洞而过，绕过西厅之前，可行至水池边的小石桥上。水池面积虽小，但形状曲折，并引出两脉支流，一脉从石桥下穿过至西面院墙止，另一脉一直穿过南面的假山至六角亭下，与山石相依，聊有山泉之意。前院正厅为一座五开间硬山建筑，体量较大，并带耳房和游廊。

从正厅东侧穿廊而过，再沿一条绿竹夹道的斜径行至院中，院中山石蜿蜒，半开半闭，与松竹相间，颇为精巧。后院正房是五开间硬山带耳房、游廊，前出三开间歇山抱厦。在东部假山上建有一座三开间歇山顶轩馆，为全园最高处。此轩建筑最为精巧，直接临山对石，前有一株大槐树，坐凳为美人靠，较为别致。轩下以山石砌成浅壑，有雨为池，无雨为壑，为北方宅园的独特处理手法。

第三章 / 京城故居往事

故居外整洁的胡同

文煜宅园的五座院落基本各成系统，分别拥有南北中轴线，布局严谨但并不刻板，局部也有灵活处理，形成了丰富的空间序列。同时整座宅园建筑与园林水石相间，体现了北京四合院庄重大方而又正中求变的建筑特色。

如今的文煜宅大多已经破败，探访的时候不免有种沧海桑田之感。在游览的时候不要忘记文明游览，不要打扰胡同居民的正常生活。

名/人/故/居

荣禄故居

除荣禄的宅邸之外，菊儿胡同的其他院子也都或多或少和荣禄有关。菊儿胡同5号原来是荣禄府的花园。

> 📍 北京市东城区交道口菊儿胡同3号、5号
> 🕐 不对外开放

◎ 名人简介

荣禄（1836—1903），字仲华，谥文忠，出身满洲瓜尔佳氏，祖上几代为官，军功赫赫。咸丰年间初涉官场，先后在工部和户部任职，因涉嫌受贿被肃顺处罚。光绪年间，荣禄东山再起，任兵部尚书，并掌握了清末最具实力的军队——北洋军，逐渐成为慈禧的亲信，后党的核心人物。"百日维新"期间，调任直隶总督，协助慈禧打击维新派，发动了"戊戌政变"。

在1900年义和团运动中，荣禄主张保护各国驻京使馆，镇压义和团。1902年1月，随慈禧太后返京后，转文华殿大学士，管理户部事务。1903年去世，谥号文忠，以示其对清朝的忠心。编有《武毅公事略》，著有《荣文忠公集》《荣禄存札》。

冬季的故居景象

◇ 故居概况

老北京的故事大多藏在胡同里。过了人来车往的地安门外大街，走入南锣鼓巷，离开了后海周边的王府聚集地，到了灰墙筒瓦的官宅区。从元代北京建城开始，南锣鼓巷和后海这两个地方就被纳入"九经九纬"的范畴内，其间住过不少朝廷重臣，荣禄就是其中之一。

荣禄故居为区级文物保护单位。府邸基本格局尚存，欧式别墅颇具特色。宅院坐北朝南，分为三部分，西为洋式楼房，中为花园，东为住宅。共五进院落，包括倒座、过厅、正房及两进家祠。存倒座房三间，过厅三间，均为硬山灰筒瓦顶。正房三间，左右各带耳房两间，前有月台三出陛，房顶为灰筒瓦硬山箍头脊，走廊带雀替。东西厢房各三间，顶同正房，前带走廊，带雀替。门、窗及正房

名/人/故/居

内部装修仍为清式。第四、五两进院内正房均为五间,灰筒瓦硬山箍头脊顶,吞廊三间带雀替。后两进家祠与前院隔断,于寿比胡同开门,为6号。原宅中间花园部分已被全部拆除,建为宿舍楼。西部有部分改建,南为一大楼,楼后存一西式尖顶二层楼房,为清末时建。该宅原为荣禄之父宅,后荣禄由此搬至东厂胡同。荣禄迁走后,菊儿胡同祖宅出售给别人,以至被分割成多个宅院。

◎ 名人足迹

菊儿胡同5号原来是荣禄府的花园。在一本以戊戌变法为背景的小说中有一段"尹教头夜探荣禄府",演绎了荣禄府的花园,说里面有"西湖阁""金陵轩"等亭台楼阁。据菊儿胡同的老住户回忆,中华人民共和国成立前他们搬来的时候,花园就不存在了。当时,在5号院的位置上盖了几间房,住着普通老百姓。花园已无处寻觅,

1. 故居大门上的福字
2. 故居大门紧闭

故居里的住客养的小鸟

亭台楼阁的雅号也无从考证，但相关资料表明，荣禄家几代都与西湖、金陵无缘，身为武将，他们习惯于大漠孤烟而不是风花雪月。

菊儿胡同7号院里有一座欧式别墅，也是当年荣禄府的主要建筑之一。中华人民共和国成立后做过很长时间的阿富汗大使馆，后来交给北京一个研究所管理。走进大厅，站在扶梯下向里张望，能看到一层会客室里的吊灯和红沙发，背景是19世纪的法国宫廷。

菊儿胡同6号是荣禄故居后两进院子的入口。铁门紧闭，只能从投信孔窥得"洞里乾坤"，里面还有几幢老房子，和菊儿胡同3号的规格相仿。当年，后两进院子是荣禄家的祠堂，供奉着瓜尔佳氏历代的祖宗牌位。如今，这里是煤炭部的宿舍，听说只有一户人家，大部分的房间都空着。

名/人/故/居

故居里有居民居住

　　岁月流转，万物飘零。如今，荣禄故居已被列为东城区文物保护单位，不对外开放。但当您走过时，看着紧闭的朱红色的大门，可以稍微放慢脚步，遥想那个风雨飘摇的年代这座宅子里的世事变迁。

 出行小贴士

老皇城里的名人故居，就如同一张张写满岁月时光的城市名片，请文明参观，不要在墙壁上乱写乱画。

第三章／京城故居往事

左宗棠故居

　　王府井大街向来就是京城最为热闹的地方之一，在这一片繁华之中，左宗棠的宅院显得那样闹中取静，也许是院墙高深挡住了尘世的喧嚣，也许是朱红色大门上的铺首衔环太过于威严……

> 北京市东城区西堂子胡同 25-27 号
> 不对外开放

◎ 名人简介

　　左宗棠（1812—1885），汉族，字季高，一字朴存，号湘上农人，湖南湘阴人，晚清重臣，军事家、政治家，湘军著名将领，洋务派代表人物之一，与曾国藩、李鸿章、张之洞并称"晚清中兴四大名臣"。

　　左宗棠曾就读于长沙城南书院，20岁乡试中举，虽此后在会试中屡试不第，但他留意农事，遍读群书，钻研舆地、兵法，后经历湘军平定太平天国运动、洋务运动等重要历史事件。官至东阁大学士、军机大臣，封二等恪靖侯。中法战争时，自请赴福建督师，光绪十一年（1885年）在福州病逝，享年73岁。追赠太傅，谥号"文襄"，并入祀昭忠祠、贤良祠。

故居的正门和文保碑

◎ 故居概况

  在寸土寸金的王府井商业区附近，有一条西堂子胡同，声名赫赫的左宗棠——左襄公，曾短暂地在此偏居一隅。光绪七年（1881年），左宗棠因功加恩封爵，并以军机大臣的身份入职军机。于是，左宗棠开始了他一生当中第一次在京城定居的生活。他当时是以租赁的方式住在最东边的一个院落里。故居位于东城区西堂子胡同25—27号，一组院落构成的中西四合院的东院，格局基本完整，院落中间穿插有长廊、假山、花园等。其中25号院是三进院落，宅门与正房以抄手廊贯通，正房内留有清式楠木雕花隔断，精巧别致。20世纪30年代，国画家、清宗室溥雪斋曾购得此宅居住。如今，这座院落一部分是民居，一部分做办公用。

  这座四合院共有前后两个院、两间正房。北边的正房是起居室，南边的正房曾是左宗棠的书房——石鼓阁。左襄公在公余闲暇，就待在这南书房读书写

第三章／京城故居往事

不同于典型中式风格的大门

字。据说，左宗棠得到一张拓印的石鼓文，他见文字两边还有空隙，便用小楷将韩愈和苏轼的《石鼓歌》也抄写在上面，并且悬挂在书房里，书房名由此得来。现在的石鼓阁住着一户人家，在南房西侧的西厢房，还住了三户人家。

◎ 故居往事

左宗棠在西堂子胡同度过了一段宁静时光，这是自他入仕十几年来鲜有的正常而温馨的家庭生活，除天伦之乐外还时常有友人来访。但没过多久，左宗棠就得到朝廷的调令，被诏授为两江总督兼充办理南洋通商事务大臣。只在北京定居了10个月的左宗棠，在光绪七年（1881年）十月离开了北京。据说，在他临走时，他居室的门楣上忽然长出了五棵灵芝，室内的房梁两端也各长了两棵。于是左宗棠将这间居室取名叫"玉芝阁"，也就是北院的那间正房。不同的是，曾经的玉芝阁被现在的主人在游廊部分多加了一层咖啡色的玻璃门。几个小小的圆鼓门墩，横躺在北院的空地上，不知它们是怎么从大门外迁移到此的。

◎ 名人足迹

湖南左宗棠故居柳庄，是坐落在湖南湘阴县城20千米外的一处院落。柳庄占地2860平方米，48间房，为砖木结构住宅。砖墙燕瓦，坐西朝东，传统民

名/人/故/居

故居墙上的复古灯

居格局。屋后是绿色的山冈，门前一汪清澈的池水。主人曾称这口池塘为"天砚"，是上天给他磨墨洗砚的馈赠。举目四顾，田园葱茏，稻田东边山上，左公栽的茶树至今青翠欲滴，宅院西面后山上左公植的竹林如今仍葱郁苍劲。水塘周围绿柳成荫，水塘南北各有一株四人合围粗的枫树和柞树，冠盖苍翠，人

称"神树"。

柳庄院门两侧左公写有"参差杨柳,丰阜农庄"的门联。门额匾上左公题写的"柳庄"二字,笔力遒劲。进院门是晒谷场,从晒谷场向南穿过隔墙圆门是庭院。院内,他亲手栽的12株梅树傲雪开放,暗香浮动。庭院南侧是他读书的魁顶阁楼,名曰"朴存阁"。宅屋分前后两进:前进北边为谷仓、杂屋,南边为前厅、厢房、孔子堂(子弟学堂);后进由两个四合院组成。整座宅院砖墙燕瓦,具有典型的晚清民居风格。

左宗棠在柳庄"潇闲沉寂之时",其声名却远播于外。诸多封疆大吏、京都高官争相举荐。因此,在柳庄留下了两江总督陶澍与一介布衣的他结成儿女亲家的美谈;留下了林则徐对左公一见"诧为绝世奇才",当面预言"西定新疆,舍君莫属"的被史学界称为"湘江夜话"的佳话;留下了湖南两任巡抚分别"三顾茅庐",邀自喻"今亮"的左宗棠两度出山运筹军幕的历史故事。

原有的左宗棠北京旧居目前有一部分为民居,在游览时不要打扰他们的正常生活。由于故居有很多木质结构,请不要吸烟。

麟庆故居

> 麟庆性喜山水，曾周游黄河南北、大江东西，又兼爱古旧遗迹，"探二水三山之名胜，搜六朝五季之遗闻"。

📍 北京市东城区黄米胡同 5 号、7 号、9 号
🕐 对外开放

◎ 名人简介

完颜麟庆（1791—1846），字伯余，别字振祥，号见亭，满洲镶黄旗人，清代官员、学者。嘉庆十四年（1809年）进士。道光年间任江南河道总督长达10年，蓄清刷黄，筑坝建闸，后因河决革职，不久后，因功官居四品京堂。麟庆生平涉历之事，各记录成书，图文并茂，有《鸿雪因缘图记》，又有《黄运河口古今图说》《河工器具图说》《凝香室集》。

◎ 故居概况

麟庆宅即半亩园，地跨黄米胡同、亮果厂胡同和弓弦胡同，是清代著名园林建筑师李渔（笠翁）设计的宅园，花园之美被誉为当时京城的六大花园之一，所叠假山被誉为京城之冠。半亩园建自清初，据《鸿雪因缘图记》载：半亩园在京都紫禁城外东北隅，弓弦胡同内，延禧观对过，园本贾胶侯中丞（名

门内的空间略显狭小

汉复、汉军人）宅，"李笠翁（渔）客贾幕时，为葺斯园，垒石成山，引水作沼，平台曲室，奥如旷如"。后改为会馆，又改为戏园。道光初麟庆得之，大为修葺，其名遂著。其后又屡易其主，不断地进行改建、扩建。20世纪80年代初尚能见到园内假山及古石。

◎ 《鸿雪因缘图记》

　　麟庆性喜山水，自称"最大海水，最好家山。持节防堵，著屐游观。抚三尺剑以寄志，披一品衣而息肩"，于是写了一部《鸿雪因缘图记》，用图文的形式记述他的身世和经历。"鸿雪"出自苏东坡诗"人生到处知何似，应似飞鸿踏雪泥。泥上偶然留指爪，鸿飞那复计东西"。麟庆自己作文记述经历，并请幕僚汪春泉和画家陈朗斋、汪惕斋画出，好像飞鸿踏在雪上，留下一些痕迹。他说这是"我之年谱，而别创一格"，这在没有摄影技术的年代，是把

名/人/故/居

一只黄猫在檐顶露出头来

生活印记保留下来的唯一办法。《鸿雪因缘图记》，全书共三集，每集分上、下两卷，一事一图，一图一记，凡240图、记240篇，实录其所至所闻的各地山川、古迹、风土、民俗、河防、水利、盐务等，保存和反映了道光年间的社会风貌。

Tips 出行小贴士

现今美景虽然已不复当初，但花园假山仍在，请您在游览时要注意保护花草树木。

崇礼故居

北京名人故居众多,胡同巷子里每走几步都能看到一座府邸或院落。崇礼故居虽经多次转手,但屋宇华丽的面貌始终未曾改变,因而有"东城之冠"的美誉。

> 📍 北京市东城区东四六条63号、65号
> 🕐 不对外开放

◎ **名人简介**

姜崇礼(？—1907),字受之,内务府汉军正白旗人,清朝大臣。咸丰七年(1857年),以拜唐阿为清漪园苑丞。文宗巡幸,尝询以事,奏对称旨,嘉奖之。由员外郎历内务府卿,加内务府大臣。

◎ **故居概况**

崇礼故居虽历经动荡岁月,但住宅的基本格局得以保存,等级较高的广亮大门加上对面的八字影壁昭示着这座宅院往昔的辉煌。故居坐北朝南,东邻南板桥胡同,西近月光胡同,北靠东四七条,由三个并排的四合院组成,东路、西路均是有四进院落的住宅,中路为花园,各路自成一体又相通。在东四六条辟有两门,东为63号、西为65号,中路花园的原门已被封堵,现与东宅合为

名/人/故/居

院内修葺得很是平整

一体。

现存建筑全院面积近万平方米，街南面还有所属的花洞和马号。此宅东半部及花园（今63号）为崇礼居住，西部院（今65号）为其兄弟所居，后为其侄儿江宁织造存恒的住宅。东院广亮大门一间，第一进院有假山、游廊，正中假山上建有一栋面阔三间、带围廊的轩室，歇山顶筒瓦屋面。假山前原有水池已填平盖房。西侧倒座房六间，北房九间过厅，前后有廊，明间为一过道门可通二进院。二进院有一座面阔五间的戏台，前出六檩卷棚抱厦三间，木构架上绘箍头彩画。两侧有耳房各两间。该院西侧有一半面歇山式西房，背依西院两卷勾连搭房的东墙。二进院原有东西厢房各三间，东西两侧廊连接南北两院。经一殿一卷式垂花门进入三进院。院内有正房三间，带前后廊，两侧耳房各两间；东西厢房各三间，均带南耳房各一间。抄手游廊连接院内各房。中路花园区最南端原大门三间，其东有倒座房两间，西为三间。三进院有北房五间，带前后廊，东侧有一组假山叠石，其上建圆顶亭子。四进院是祠堂，面阔五间，前带廊，合瓦屋面，明间有门枕石一对，东接东路院后罩房14间。

西院金柱大门一间，大门外有一字影壁，门内有照壁，雕刻有精美花卉图案。一进院有倒座房九间，北房为五间过厅。二进院内正房三间，带前后廊，两侧耳房各两间，东西厢房各三间，前出廊，正厢之间有转角廊，房门裙板上雕"五福捧寿"文饰。此院带有东西跨院各一，东跨院有南房三间，前出廊，北房三间，两卷勾连

外墙上的砖面已满是沧桑

名/人/故/居

老屋的门窗上有多彩琉璃

搭。西跨院南房三间,北房三间,带前后廊,房内有清代著名书法家邓石如题写苏东坡诗句的硬木隔扇,今日仍保存完好。二、三进院间有一小院,围廊连接前后院。进第三进院垂花门为内宅,有正房五间,两侧有耳房各两间,东西厢房各三间,均带南耳房各一间,抄手游廊连接各房,东北角有廊道可通东侧花园。第四进院有后罩房11间,西侧有门通西小院,南房三间,北房三间,原为佛堂。

第三章／京城故居往事

建筑的油漆已经斑驳

原有的旧居目前是单位宿舍,在游览时注意行为举止,不要打扰他们的正常生活,更不要随手丢弃垃圾和吸烟,要做到安静游览、文明游览。

第三章 / 京城故居往事

四

政要私宅

民国是中国近代历史上最为动荡的时代，古都北京也留下了那个时期的无数记忆，在段祺瑞、冯国璋、唐绍仪等人的故居里无不显示出那个历史时期的特殊印记。当人们置身其中，在院落墙壁的窗框间，在那些斑驳的纹饰里，仿佛有着说不完的往事，那是时光留给后人们最珍贵的礼物。

名/人/故/居

段祺瑞故居

随着清王朝的没落，国民政府的登场，古老的国家再次陷入政权更迭的旋涡里，段祺瑞执政府欧式的建筑里依旧可以寻觅到属于那个纷乱年代的印记。

📍 北京市东城区朝阳门北小街仓南胡同 5 号
🕒 不对外开放

◎ 名人简介

段祺瑞（1865—1936），字芝泉，晚年号"正道老人"，生于安徽合肥，所以又称"段合肥"，中国近代著名政治家，人称"北洋之虎"，皖系军阀首领。

1916—1920 年段祺瑞为北洋政府的实际掌权者。1924—1926 年为中华民国临时执政。1926 年 3 月 18 日发生了段祺瑞政府镇压北京学生运动的"三一八"惨案。"九一八"事变后，日本人曾胁迫段祺瑞去东北组织傀儡政府，被他严词拒绝。1936 年 11 月 2 日，段祺瑞病逝于上海宏恩医院。

◎ 故居概况

此宅原为清代康熙皇帝第二十二子允祜府。北洋政府时期，该府被段祺瑞所得。宅院占地 22642 平方米，坐北朝南，四周环以围墙，围墙皆用大城砖砌成，

故居院中绿意盎然

段居此时，对原府进行改建。门改为铁门，门内有一巨大的地球仪，一只雄鹰踞于地球仪之上。当年离乱之世，军阀割据纷争，这地球仪上的雄鹰应是段祺瑞希冀独控中国野心的表现。

段祺瑞故居原建于中轴线上的屋宇现仅存一大殿，为两卷勾连搭式，上覆灰筒瓦，面阔九间，殿前有民国式走廊，走廊连接的月亮门的门楣上写着"怡园"两个字。廊前有一环绕院子中心的水池，但如今已干涸。池子前面（南面）有

大红门上的虎头门环

三座小石桥,连接花园和大殿,后面有两座石桥,但如今已经看不到了,1983年时已被拆除。其实整座花园都已经是1987年重修的了。大殿的后面是一座四合院式院落,东、西、北三面都是民国时期建的灰色洋房,厚重坚实,颇有德式风格,这三面和前面的大殿围出了一个四方院落。

有人说这座宅邸是北洋政府最后的宅邸,的确,段宅曾极繁盛,就连国务会议都曾在此院中召开,地点就在大殿西侧的那座同样灰色的洋楼里。段祺瑞故居现为东城区重点保护文物。

◎ 名人足迹

段祺瑞在天津没有房产,只1926—1933年在津期间寓居日租界宫岛街(今

名/人/故/居

故居外的高墙夹胡同

和平区鞍山道38号）。

　　这所住宅是曾任北洋政府陆军总长吴光新（段的妻弟）的私产，约建于1920年，整座建筑有主楼、后楼、平房等，均为砖木结构，共有楼、平房74间，建筑面积3458平方米。主楼建筑面积2429.21平方米，共44间，造型雄伟壮观，首层正面中间部位突出，上十磴台阶为门厅和前廊；二楼正面设屋顶平台；三楼背面东西角各有平台一座。楼内房间宽大考究。

Tips 出行小贴士

原有的北京旧居目前已经是单位宿舍。在游览时注意行为举止，不要打扰当地住户的正常生活，更不能随手丢弃垃圾和吸烟，要做到安静游览、文明游览。

李宗仁故居

李宗仁作为桂系的灵魂人物,他的一生充满了传奇,从台儿庄大捷到中华民国总统,从卸甲归田、颠沛流离到不远万里回到新中国的怀抱,"传奇"二字贯串其一生。

> 北京市东城区王佐胡同1号
> 不对外开放

◎ 名人简介

李宗仁(1891—1969),字德邻,广西桂林人。他是北伐战争中有着重要影响的一位人物,国民革命军陆军一级上将,中国国民党"桂系"首领,中华民国首任副总统、代总统。

"九一八"事变后,抗日战争爆发,李宗仁任第五战区司令长官。1948年国民党行宪,当选副总统。蒋介石下野后,一度任代总统,欲以和谈挽救国民政府未果。之后出走美国,但最终偕夫人于1965年7月回到北京,受到毛泽东及其他中共领导人的欢迎,后于1969年1月在北京逝世。

故居现在是单位用地，不对外开放

◎ 故居概况

李宗仁北京故居位于王佐胡同1号，东临宝钞胡同，北靠国兴胡同。

整个故居院落坐北朝南，共四进。原有东西二路，广亮大门一间，开在东路中间，西接倒座房三间，东接二间，已拆改。东路原为偏院，已全部拆改失去原状。西路一进院南房三间，东西厢房各三小间。其北为二进院，两院之间原有障墙及屏门，已拆除。二进院正房为过厅，面阔三间，前后廊，东西耳房各一间，已拆改；东西厢房各三间，前出廊。三进院正房三间，前后廊，东耳房二间，西耳房已拆改；东西厢房各三间，前出廊；四交抄手游廊连通。四进院后置房九间，连通东西二院。各房均为合瓦硬山式，过垄脊。建筑年代约为清代晚期，现已为居民院。

李宗仁在老家桂林的故居

⬢ 故居往事

李宗仁在老家桂林还有一座故居。故居坐落在古老而灵秀的临桂区两江镇浪头村的天马山脚下，为两层砖木结构，外围青砖高墙，东西对角有"炮楼"，内有三进客厅、"将军第"住宅、学馆和后院四组建筑。后院有阁楼、井池、鱼塘。大门浮雕"青天白日"横额及"山河永固，天地皆春"对联。布局独特，构思巧妙，气势雄伟，既具雄踞一方的庄园气派，又富有桂北民居的建筑特色。抗日战争时期，蒋介石曾偕夫人宋美龄驻足于此。近年来，当地政府对故居进行了修缮，使得故居成为对外开放的旅游景点。

Tips 出行小贴士

走在小胡同里，感受千年文化的流转。那么作为传递文明旅游的践行者，我们应该不断提醒自己注意言行举止，让文明旅游成为一种习惯。

名/人/故/居

冯国璋故居

冯国璋,北洋军阀直系首领,曾任中华民国副总统,与王士珍、段祺瑞并称"北洋三杰"。来到冯国璋故居回望那个金戈铁马的年代。

- 北京市东城区帽儿胡同 11 号、13 号
- 不对外开放

◎ 名人简介

冯国璋(1859—1919),字华甫,河间人。清末协助袁世凯创办北洋军。辛亥革命爆发后,被清政府任命为第一军总统,率领北洋军至湖北镇压革命。

1913 年国民党发动讨袁战争时冯国璋奉命攻下南京,任江苏都督。袁世凯死后北洋军阀分化,冯国璋为直系首领。皖系首领段祺瑞控制北洋军阀政府,冯国璋又与湖北督军王占元、江西督军李纯联合对抗皖系。

◎ 故居概况

冯国璋故居位于帽儿胡同 11 号和 13 号,这两处宅子是他晚年从文家买下来的。故居原是一组规模较大的清代建筑风格的大宅园,现已分开。西为住宅,东为下房,中为花园,构成了一个气势宏大的建筑整体。现存的 11 号院,为

原住宅的主要部分,坐北朝南,共分五进院落。大门一间,两旁有八字墙、上马石。

1918年冯国璋下台后,就困居在帽儿胡同这座宅子里。1919年,冯国璋因伤寒不治在这里去世,徐世昌批准为冯国璋举行了国葬,全国降半旗哀悼3天,在北京公祭一个月,后移灵至故乡河北河间安葬。

冯国璋逝世后,他的家人便将宅子的一部分(今帽儿胡同13号)出租给了朱家溍的父亲朱文钧。1922—1929年,朱家溍在这里度过了他的童年和少年时光。

⬢ **名人足迹**

冯国璋在天津有多处房产,其中两处是他的寓所。

一处位于奥租界二马路与沿河马路(今河北区民主道50—54号和海河东路花园巷),是冯国璋于1913年购自奥工程师布吕纳的三所楼房。1915年他又委托一位德国建筑师按原建筑设计风貌进行扩建、接建,并修建了庭园式花园,人称"冯家花园"或"冯家大院",共有楼房110间,平房54间,建筑面积4661平方米。

另一处在河北四马路、宇纬路拐角处(今

院内略显破败的景象

名/人/故/居

故居狭小的正门

河北区宇纬路 6 号），共有楼房 24 间，平房 47 间，建筑面积 1425 平方米。这所住宅是冯国璋晚年修建的一所花园式别墅。院内主体建筑是二层西式小洋楼，造型别致，整体性强。

Tips
出行小贴士

原有的旧居目前已经是民居。在游览时注意行为举止，不要打扰当地居民的正常生活，更不能随手丢弃垃圾和吸烟，要做到安静游览、文明游览。

唐绍仪故居

民国第一任总理唐绍仪在清政府和国民政府任职时居住于此。该四合院坐北朝南，分为东西两院。东院为花园，西院为住宅。

- 北京市西城区翠花街 5 号
- 不对外开放

◎ 名人简介

唐绍仪（1862—1938），字少川，出生于广东省香山县（今珠海唐家湾镇唐家村）。清末民初著名政治活动家、外交家，曾任山东大学第一任校长、北洋大学（现天津大学）校长。

唐绍仪自幼到上海读书，1874年成为第三批留美幼童，赴美留学，后进入哥伦比亚大学学习，1881年归国。曾任驻朝鲜总领事、清末南北议和北方代表、民国第一任内阁总理等职，为中国主权、外交权益及推进民主共和做出了重要贡献。

◎ 故居概况

唐绍仪在北京、上海和广东有多处故居，其中北京故居是他于清政府和

故居略显破旧的大门

民国政府任职时居住的地方,是一座四合院。该四合院坐北朝南,分为东西两院。东院为花园,西院为住宅。西院由三进院落组成,原有的格局以及建筑保存完好。东院原有假山、戏台、敞厅,现仅存敞厅。敞厅是三卷勾连搭组成的"凹"字形建筑,四面环廊。

第三章／京城故居往事

| 1 | 1. 故居门檐砖雕 |
| 2 | 2. 故居装饰精美的门檐 |

◎ 名人足迹

　　唐绍仪广东的故居位于唐家湾镇山房路99号，由并连成一整楼的前后两座组成，后座为唐绍仪祖父于清朝所建，前座为唐绍仪于1929年所扩建。故居为砖木结构，是典型的岭南沿海民居。

　　唐绍仪在上海的故居位于徐汇区武康路40弄1号，门洞装饰得很美，米黄色拉毛砂浆外墙，是典型的西班牙风格，里面介绍了唐绍仪的一些生平事迹。

Tips 出行小贴士

　　原有的北京旧居目前是单位宿舍，在游览时注意行为举止，不要打扰当地居民的正常生活。带孩子的游客可以到附近的中国儿童中心去逛一逛，有利于孩子增长见识，陶冶情操。

名/人/故/居

梁敦彦故居

这里是"中国晚清最后一任外交官"——梁敦彦的府第。他是留美幼童,学习西方科技,心怀报国理想,虽出身贫寒,却最终成为清末外交与政坛的重要人物。

◉ 北京市东城区麻线胡同 3 号

🕒 不对外开放

◎ **名人简介**

梁敦彦(1857—1924),字崧生,广东顺德人。15岁成为第一批留美幼童。祖父梁振邦曾在香港西环行医,父文瑞公在南洋做过生意。由于家庭的影响,梁敦彦少时就会英语,后考入香港中央书院(由英国人创办,皇仁书院前身)就读。1881年回国,先后在福建船政学堂、天津"北洋电报"学堂任教习。历任清廷汉阳海关道、天津海关道、外务部右侍郎、外务部会办大臣兼尚书、会办税务大臣、弼德院顾问大臣等职。1917年参与张勋复辟,任外务部尚书、议政大臣,失败后匿居东交民巷。1924年4月10日卒于天津。

◎ **名人足迹**

麻线胡同3号院曾是清朝协办大学士敬徵住宅"意园"的一部分,民国初

第三章 / 京城故居往事

院墙下的竹子

期为曾任内阁总理的唐绍仪所有，后被其卖给了梁敦彦。梁敦彦买下宅子后，整体修葺了一番，将宅子改成了中西合璧式的建筑风格，在宅院的中间还建有一座大圆亭，作为看戏娱乐之所。宅子里有太湖石砌成的门洞，两旁有大青条石，石上刻有对联，据说是乾隆皇帝的御笔，曾经是圆明园里的物件。

Tips 出行小贴士

原有的旧居现在是单位宿舍。在游览时注意行为举止，不要打扰住户的正常生活，更不能随手丢弃垃圾和吸烟，要做到安静游览、文明游览。

五

学者居所

　　清朝后期充满了变革的火药味,新旧观念的碰撞,让古老的中国笼罩在血雨腥风的动荡里,戊戌变法的鲜血永远留在了中国近代历史前进的车辙上。走进梁启超故居,在阳光下飘荡在窗棂上的尘土,仿佛带着人们穿越历史回到从前。闹中取静的蔡元培故居中,透过明媚的阳光看到窗前书桌上笔墨依旧。杨昌济故居前的大树枝繁叶茂,树荫下的小院里仿佛闪现着先生的身影。

名 / 人 / 故 / 居

杨昌济故居

"令公桃李满天下，何用堂前更种花。"在民国的教育家当中，杨昌济先生无疑是桃李满天下的，从湖南到北京，他的先进思想影响了一批又一批青年学子。他为祖国和民族的命运摇旗呐喊，也培养出了一众革命家、党和国家的领导人。

> ◎ 北京市东城区豆腐池胡同 15 号
>
> ◎ 不对外开放

◇ **名人简介**

杨昌济（1871—1920），又名怀中，字华生，湖南长沙县人，伦理学家、教育家，曾赴日本、英国留学。任北京大学教授期间，协助蔡和森等筹措赴法勤工俭学旅费，介绍毛泽东去北大图书馆工作，以"欲栽大木拄长天"明志。著有《劝学篇》等文，译有《西洋伦理学史》等书。他最钟爱的两个学生蔡和森和毛泽东，实现了他"欲栽大木拄长天"的宏愿。

◇ **故居概况**

豆腐池胡同15号，旧时的门牌是豆腐池9号，在胡同中段北侧，有一座

豆腐池胡同中段北侧便是杨昌济故居

坐北朝南的二进四合院,占地面积为455平方米,有房屋16间半,包括街门一间,建筑面积237平方米。街门为如意门,建在"巽"位;外院有南房三间、北房三间、西厢房三间、东厢房两间;里院有北房四间,灰顶平台房半间。

杨昌济先生在北京大学任教时曾居住在此,街门上挂有"板仓杨寓"铜牌。杨先生及夫人住外院,其子杨开智住里院。外院北房为居室,一明两暗,中间明间为堂屋,杨昌济夫妇住东里间,其女杨开慧住西里间;南房隔成两明一暗,西边的两间为明间,作为客厅;东边的一间为暗间,供客人临时居住。毛泽东第一次来京时,与蔡和森曾在南房的暗间住了一个多月的时间。

◎ 名人足迹

1912年夏,杨昌济结束了在阿伯丁大学3年的学习生活,获得文学学士学

名/人/故/居

1. 故居大门比较小巧
2. 故居外防火用的大水缸
3. 故居市文物保护单位牌匾

位。随后，他前往德国进行了为期9个月的考察，还去瑞士游览了一番。在德国，杨昌济重点考察教育制度，同时留意政治、法律等各项制度。考察完毕，随即启程返回阔别10年的祖国，回到了故乡长沙。

1913年杨昌济回到湖南后，便出任湖南高等师范学校教授，教伦理学、心理学、教育学，同时兼任湖南第四师范学校修身和心理学教员。

1914年杨昌济在湖南高等师范学校讲学，上半年兼任第一师范修身学、教育学两科教员，下半年只教修身课。夏天，其所著《论语类钞》由宏文图书社出版。

杨昌济在湖南高等师范学校讲学并兼任一师修身课教员期间，一师学生毛泽东等发起驱逐校长张干的运动，张干因为这次事件要开除毛泽东等人，杨昌济与徐特立等教员出面，要求张收回成命。对毛泽东这个"资质俊秀"的高个子青年，杨昌济认为其为"海内人才，前程远大"。1917年上半年，杨昌济仍任湖南高等师范学校教授，兼任一师修身、教育学教员。他向《新青年》推荐发表毛泽东的《体育之研究》。在湖南任教期间杨昌济积极支持新文化运动，宣传《新青年》的主张。1918年6月，杨昌济应蔡元培先生之聘，任北京大学伦理学教授。

Tips 出行小贴士

杨昌济故居目前为文物保护单位，不对外开放，仅在门口挂有"杨昌济故居"几个大字，游客可以来此拍照留念。

名/人/故/居

梁启超故居

近代的中国，虽为战乱所困扰，但是依旧人才辈出。那一代的文人，手中的笔墨犹如犀利的战刀、嘹亮的号角，为黑暗中的劳苦大众指明了方向。

📍 北京市东城区北沟沿胡同 23 号
🕐 不对外开放

◎ 名人简介

梁启超（1873—1929），字卓如，一字任甫，号任公，又号饮冰室主人、饮冰子、自由斋主人。清朝光绪年间举人，戊戌变法领袖之一，曾倡导文体改良的"诗界革命"和"小说界革命"。中国近代思想家、政治家、教育家、学术大师，有"中国近代百科全书式的天才学人"之称，其著作合编为《饮冰室合集》。

梁启超是中国近代维新派代表人物，著名新闻报刊活动家，办有《新民丛报》《时务报》。他的文章具有独特的历史视角，令人深思。

戊戌变法失败后，梁启超与康有为一起流亡日本。辛亥革命之后一度加入袁世凯政府，担任司法总长；之后对袁世凯称帝、张勋复辟等严词抨击，并加入段祺瑞政府。他积极倡导新文化运动，支持五四运动。

第三章／京城故居往事

1｜2
1. 故居门前略显凌乱
2. 故居院墙上的小窗子

◎ 故居概况

　　故居位于东城区北沟沿胡同23号，为坐西朝东的三进四合院，大门一扇，院内有影壁、垂花门及正房、花厅等建筑。院内各屋均由走廊相连，西部是花园，有土山、花厅和山石等。整个房屋由砖墙围起，主要建筑尚存。

121

故居墙上都是些古朴的墙砖

故居主体建筑集中在南半部,是东西并列的两个三进院落,东部为住宅,西部是花厅;北半部约占整个院落的2/5,院内树木繁盛,有假山、凉亭;后院开有朝东的穿墙门,是整个院落的后门。该院共有房屋和亭、轩等建筑129间,建筑面积为1535平方米。

进入宅门,迎面是一座一字影壁,往北经过坐西朝东的垂花门便进入了东院的一进院;一进院有带抄手廊的南房、北房各五间,北房中间一间为连接前、后院的通道;东院的二进院均为带抄手廊的瓦房,有正房三间、耳房两间,东、西厢房各三间;东院的三进院只有七间后罩房。与东院并列的西院被称为"西花厅",亦是三进院落;从南往北依次是由假山叠石与三间敞轩构成的一进院,由三间敞轩和三间正房构成、并有转圈游廊连接的二进院,以及由两间东、西厢房与平顶外廊构成的三进院。

院墙上形态各异的檐影

◎ 名人足迹

梁启超故居有多处，分别位于北京、天津、新会等地。

天津梁启超纪念馆，位于天津市河北区民族路，是国家AAA级旅游景区，主要由梁启超先生的故居和"饮冰室"书斋组成。

修复后的梁启超故居，分为书房、起居室、家族纪念室等12个展室，再现了梁启超当年居住的环境。展室分6个部分，分别是"勤学苦读的神童""戊戌变法的主将""君主立宪的鼓吹者""反袁护国的组织者""享誉中华的学术巨擘""寓居津门的饮冰室主人"。故居展室里陈列着梁启超的书信、书籍、历史文献以及活动照片等。

"饮冰室"书斋是梁启超晚年开展学术研究和写作的地方。楼内居室九间，均恢复了当年的场景。一进门是大过厅，左边墙上挂着一米高的蔡锷画

像。再进去是书房和休闲娱乐室。书房里摆满了书柜,客厅里陈列着菲律宾客人赠送给梁启超的蜥蜴标本以及鸵鸟蛋等的复制品。二楼是梁启超的卧室、餐厅等。

新会梁启超故居位于新会会城茶坑村,建于清光绪年间,是一幢古色古香的青砖土瓦平房,由故居、怡堂书室、回廊等建筑组成,建筑面积400多平方米。故居有一正厅、一便厅、一饭厅、二耳房,两厅前各有一天井,便厅侧有梯级直达其顶部楼亭书房,可远眺崖海风光;怡堂书室是梁启超曾祖父所建,是梁启超少年读书、接受儒家传统思想的地方。清光绪十八年(1892年)夏天,梁启超携同新婚妻子李蕙仙回乡,就居住在书室的偏房,长女梁思顺也出生于此。为缅怀任公矢志不渝的爱国情怀以及在教育、学术上的卓越贡献,2001年又建成梁启超故居纪念馆,建筑面积达1600平方米,建筑既有晚清岭南侨乡建筑的韵味,又有天津"饮冰室"的风格,兴建的纪念馆前还有一个巨大的鱼池。

原有的旧居目前已经是民居。在游览时注意行为举止,不要打扰当地居民的正常生活,更不能随手丢弃垃圾和吸烟,要做到安静游览、文明游览。

蔡元培故居

东堂子胡同75号东西各三进四合院里留下了蔡元培这位中华民国首位教育总长为中国教育事业呕心沥血的身影,在身居这座古都的岁月里,他开创了北京大学"学术"与"自由"之风。

📍 北京市东城区东堂子胡同 75 号
🕐 对外开放

◎ 名人简介

蔡元培(1868—1940),字鹤卿,又字仲申、民友、孑民,并曾化名蔡振、周子余,汉族,浙江绍兴府山阴县(今浙江绍兴)人,原籍浙江诸暨。教育家、革命家、政治家,民主进步人士、国民党中央执委、国民政府委员兼监察院院长、中华民国首任教育总长。

蔡元培于1916年至1927年任北京大学校长,革新北大,开"学术"与"自由"之风;北伐时期,国民政府奠都南京后,他主持教育行政委员会,筹设中华民国大学院及中央研究院,主导教育及学术体制改革。1933年,蔡元培倡议创建国立中央博物院,并亲自兼任第一届理事会理事长。1940年3月5日,蔡元培在香港病逝,葬于香港仔山巅华人公墓。

名/人/故/居

故居红色的大门

◎ 故居概况

看到蔡元培先生的名字,思绪一下子就被拉到民国那个风雨飘摇的年代。在那样的动荡中,先生辗转多城而居。

蔡元培故居建筑面积368.49平方米。故居原门牌33号,为东、西各三进的院落,原大门在中间。现分为75号、77号两个院落,75号在东边又开一小门。一进院有倒座南房五间,蔡元培寓此时,将五间倒座作为客厅。二进院北房三间,前有走廊,左右各带一间耳房,东西厢房各三间,南房四间,三进院北房五间,带走廊。1985年10月,东城区人民政府将其公布为区文物保护单位。

◎ 名人足迹

蔡元培在绍兴、上海、杭州、北京均有故居。

绍兴蔡元培故居位于浙江省绍兴市区萧山街笔飞弄13号，是一个颇具绍兴特色的明清台门建筑，也是中国目前唯一专门介绍蔡元培一生事迹的名人纪念馆。故居的主体建筑坐北朝南，为砖木结构，共三进。第一进门厅坐西朝东，上悬刘海粟手书"蔡元培故居"匾额；第二进厅堂和第三进楼房均坐北朝南，三进分布不在同一轴线上。绍兴蔡元培故居已被列为浙江省重点文物保护单位。

上海蔡元培故居位于华山路303弄16号，建设面积526平方米，花园面积671平方米，已于1984年被列为上海市级文物保护单位。

杭州蔡元培故居位于西湖景区，植物园北门，即玉泉路口附

1. 院中蔡元培先生的塑像
2. 从桌上的摆放还能看出当年的影子

近那幢老式的花园别墅。这幢别墅建于20世纪30年代，曾经是蔡元培送给女儿蔡威廉的结婚礼物。建成后，蔡元培也常来小住，还亲题"马岭山房"一匾，所以玉泉路1号以前也叫马岭山1号。

名/人/故/居

故居的玻璃花窗

出行小贴士

原有的北京故居现为文物保护单位,游览时不要吸烟,不要乱扔垃圾,要文明游览。

第三章 / 京城故居往事

章士钊故居

史家胡同 51 号的这座院子曾经的主人章士钊，从北洋政府辗转到国民政府，目睹了中国近代最跌宕的岁月。

◎ 北京市东城区史家胡同 51 号
◎ 不对外开放

◇ **名人简介**

章士钊（1881—1973），字行严，笔名黄中黄、青桐、秋桐，湖南长沙人。曾任北洋政府司法总长兼教育总长、国民政府国民参政会参政员、中华人民共和国全国人大常委会委员、全国政协常委、中央文史研究馆馆长。

◇ **故居概况**

现在该院南半部分为好园宾馆，北半部为单位宿舍。该宅原为三进四合院，章先生一家住前两院，将第三进院落分出去，由北面内务部街另辟门。现存建筑坐北朝南，广亮大门一间，硬山顶合瓦皮条脊屋面。一进院大门西侧有倒座房五间，硬山顶合瓦皮条脊屋面，北房为三开间的过厅，后出廊，硬山顶筒瓦过垄脊屋面。二进院正房三间，前廊后厦，两侧带有耳房各一间，东西厢

1. 门外精致的门墩
2. 故居中式的大门
3. 风格有些奔放的石狮子

房各三间，均为硬山顶筒瓦过垄脊屋面，抄手游廊连各房。院内四隅种有海棠、苹果等果木，优美宜人。正房内的木装修颇为精美，北面抱厦部分的隔扇由两座八方屏门组成，其顶部为一个楼阁式书橱，上带朝天栏杆，书橱由西面次间内的一架楼梯上去。室内还有一槽碧纱橱。

◎ 名人足迹

章士钊的上海旧居位于延安高架路北侧，茂名北路以西，现在的延安中路720弄7号。1945—1949年，章士钊居住于此。章士钊旧居所在的里弄名为达巷，为独立式的花园洋房，主入口外凸，半圆拱门洞高及二层，两侧是灰色巴洛克装饰壁柱。门前一对石狮基本保存完好，应该是旧居的原物。

大门一侧的墙上除了门牌外，还有静安区人民政府于2010年所立的"章士

章士钊北京故居现在是市文物保护单位

钊旧居"铭牌。走进大门，左侧是一个圆洞门。圆洞门内是一个宽大的院子，现已成为晒衣、堆放杂物的大杂院。很明显，这里原来应该是一个四开间的花园洋房，底层中间是客堂。现在房屋已分隔为单独的民居。从大门一直往里走，可以看到老建筑留下的木梯和铁制栏杆。章含之在《跨过厚厚的大红门》中曾写道："抗战胜利后父亲在上海当律师，父亲回到上海后，我们家就搬到了现在的延安中路达巷7号。同时这里也成了父亲的律师事务所。"

Tips 出行小贴士

北京故居为市文物保护单位，去那里游览不要吸烟，不要乱扔垃圾，要文明游览。故居的前面有收费停车位，驾车前往也很方便，但要注意的是故居大门口往东为单行线。

名/人/故/居

顾孟余故居

北京的胡同命名包罗万象，既有江河湖海（大江胡同、海滨胡同），也有山川日月（图样山胡同、川店胡同、日升胡同、月光胡同）；既有人物姓氏（张自忠路、贾家胡同），也有花草鱼虫（花枝胡同、金鱼胡同），还有更有趣的叫黑芝麻胡同，顾孟余故居便位于此。

📍 北京市东城区黑芝麻胡同13号

🕐 不对外开放

◎ **名人简介**

顾孟余（1888—1972），原名兆熊，1888年生于河北宛平（今北京市），原籍浙江。幼读译学馆，后留学德国，毕业于柏林大学。1917年回国，任北京大学教授兼文科德文门主任，继而任经济系主任兼教务长。1925年遭北京政府通缉乃南下广州，12月1日出任广东大学校长。1926年6月辞职，10月任中山大学副委员长等职。1926年1月当选中国国民党中央执行委员，5月被指定为整理党务审查委员。1927年3月任中央执行委员会常务委员、宣传部部长。1932年任铁道部部长。1935年11月当选国民党中央执行委员，后任中央政治委员会秘书长。1936—1937年任交通部部长。

极具中国传统风格的大门

◇ 故居概况

故居的建筑形制和建造手法极具中国传统风格，宅院建在高台之上，七级台阶上为广亮大门一间，硬山合瓦清水脊，汉白玉石圆门墩。门前有一字影壁，上马石一对。门内也有一字影壁，西侧屏门通西路一进院，倒座房九间，亦为硬山合瓦清水脊屋面。北有八间过道房，通过门道进二进院，有一殿一卷式垂花门将二、三进院分隔。三进院有正房三间，前出廊，两侧各带耳房一间，东西厢房各三间，均为硬山合瓦过垄脊屋面。抄手游廊将院内各房连接，廊子上带倒挂楣子，下有坐凳。院门东侧为东路院，一进院有倒座房五间，一殿一卷式垂花门，前有一对抱鼓石。门内正房三间，两侧耳房各一间，东西厢房各三间，抄手游廊将各房连接，屋面均为硬山合瓦过垄脊。正房东北角廊之东墙处，原有屏门可通往东部的花园。东西两院的过道现在添建有房舍。

故居有一点特别之处，即房屋的檐柱、廊子的廊柱尺寸都超过清《工部工

名/人/故/居

故居门内的一字影壁

程则例》规定。整体看来，院落形制完整，尤其是院内砖、石、木雕精细，独具特色。东部原为大面积花园，有假山、树木及亭榭、轩室、月牙河等，现已拆除殆尽，作为小学校舍使用。

Tips 出行小贴士

随手丢弃垃圾是一种极其不文明的行为，从自己做起，让随手的垃圾远离景区和景点，那些可爱的垃圾桶才是垃圾最终的归宿。

张伯驹故居

张伯驹从小就接受中国传统文化的熏陶,他博览群书,扎实的文学功底造就了他的多才多艺。他天资超逸,利用一切闲暇时间,写下了大量格律相谐、化典圆熟的古体诗词和音韵、戏曲论著,其诗词、对联、戏曲作品等均达到很高的水平。

- 北京市西城区后海南沿 26 号
- 9:00—17:00(周一闭馆)
- 免费开放(需提前预约)

◎ 名人简介

张伯驹(1898—1982),原名张家骐,字家骐,号丛碧,别号游春主人,河南项城人,爱国民主人士、收藏鉴赏家、书画家、诗词学家、京剧艺术研究家。曾任故宫博物院专门委员、国家文物局鉴定委员会委员、吉林省博物馆副研究员和副馆长、中央文史馆馆员、燕京大学国文系中国艺术史名誉导师、北京中国画研究会名誉会长、中国书法家协会名誉理事等职。中华人民共和国建立初期,张伯驹将多件珍贵文物捐献给国家。

1. 院中竹子青翠欲滴
2. 故居中的动物石刻
3. 故居中梅竹交相辉映

◈ 故居概况

　　该院并非标准四合院，而是南北两排平房。现为张伯驹潘素故居纪念馆，紧邻什刹海后海南岸，是在文化界知名人士张伯驹、潘素夫妇故居的基础上成立的纪念馆。纪念馆名称由书法家欧阳中石题写。纪念馆内设5个展厅：声像厅、生活居室展厅、收藏陈列室、张伯驹著作展厅、潘素艺术展厅。

　　由于张伯驹已经把他的藏品捐献给了国家，因此展厅内多以图片、生活场景复原为主，展示了张伯驹、潘素夫妇的日常。

Tips 出行小贴士

纪念馆同图书馆一样，是一个讲究安静的场所，这样参观者能静下心来感受艺术品带来的艺术美感。因此，在馆内参观时应该保持安静，不高谈阔论，不大声喧哗。

第三章 / 京城故居往事

六

名流门庭

在古都北京，留下了许多文学、艺术和绘画大师的足迹。他们把北京的春风、秋雨、夏蝉、冬雪都融入了他们的作品中。就如同西山脚下那个幽静的院落里，曹雪芹在油灯之下挥毫写尽人世间的悲欢离合。在青砖灰瓦的院落里仿佛依旧可以听到鲁迅先生字里行间对于世间不平的呐喊。走在游廊之间，仿佛看到郭沫若先生在书桌前为这个国家的兴起而伏案工作的身影。两进院落的叶圣陶故居里，秋叶渐黄，寒风瑟瑟，但任何严寒都无法熄灭他对于新中国教育的那份热忱。

名/人/故/居

曹雪芹故居

曹雪芹的一生是曲折跌宕的，看透了世事的炎凉，参透了人情的冷暖，才可以在《红楼梦》中刻画出如此鲜活的人物，那是对于自己一生的真实写照，就如同西山脚下那个简陋的小小院落，一木一景都流露出丝丝的凄凉。

📍 北京市海淀区香山卧佛寺路正白旗村 39 号北京植物园内

🕐 周二至周日，周一闭馆

◇ **名人简介**

曹雪芹（约1715—约1763），名霑，字梦阮，号雪芹，又号芹溪、芹圃，中国古典名著《红楼梦》作者，出身清代内务府正白旗包衣世家，江宁织造曹寅之孙。

◇ **故居概况**

曹雪芹曾在北京西山生活，因此，曹雪芹先生的纪念馆也设在这里。清代这里是正白旗所在地，是当年曹家被抄没之后的寓所，曹雪芹先生的呕心沥血之作《红楼梦》也著于此。

第三章 / 京城故居往事

故居的环境清幽典雅

故居目前已经改成纪念馆。纪念馆并不大，走近门口，映入眼帘的是古式的木门和木栅隔墙，门上的"曹雪芹纪念馆"的匾额出自当代著名书画家启功先生之手。

《红楼梦》中提及的植物多达200多种，而园内古槐苍郁，草木成荫，爬山虎遍布，近百种植物都能在《红楼梦》中找到影子。如今，园中立有汉白玉石雕座式曹雪芹塑像，手持古书，从容自若地坐卧于苍翠蓊郁、悠然恬静的院

143

落中读书,让人见之便知曹雪芹先生当年于此读文著书的文人形象及生活环境。纪念馆中还依据史料复原了当年曹雪芹先生的居处,清代风格的十几间北房,一砖一瓦、一椅一座都保留了当年的生活气息和痕迹。

另外,馆中还专门辟出一个房间用来介绍曹雪芹先生的家族历史与他的个人生平,虽然每逢假期园内游人甚多,但值得您安静而仔细地参观。每一处、每一个细节,都会让您多一分对曹雪芹先生的敬仰之情。这里能让您更多地了解他的书、他的人、他的过往。

Tips 出行小贴士

在参观纪念馆时,注意不要跨越文物护栏或玻璃围栏。一切听从馆内人员的引导,在参观的过程中有任何疑问可以小声礼貌地询问讲解员。入馆前,认真听工作人员讲规则和注意事项,遵守馆内秩序。

纳兰性德纪念馆

"家家争唱《饮水词》,纳兰心事几人知?"说起清代词人,纳兰性德可是大家典范,在整个中国文学史上也占有光彩夺目的一席之地。

> 📍 北京市海淀区上庄乡永泰庄村
> 🕐 不对外开放

◎ 名人简介

纳兰性德(1655—1685),字容若,号楞伽山人,清代著名词人。大学士明珠长子,其母为英亲王阿济格第五女爱新觉罗氏。于康熙二十四年(1685年)溘然而逝,年仅30岁。

纳兰性德的词以"真"取胜,写景逼真传神,词风"清丽婉约,哀感顽艳,格高韵远,独具特色"。著有《通志堂集》《侧帽集》《饮水词》等。

◎ 故居概况

纳兰性德纪念馆位于海淀区最北端,隔沙阳公路与昌平区白水洼遥遥相望的一个风景如画的小村庄,隶属上庄镇管辖的皂甲屯村(亦名造甲屯)。皂甲屯东临南沙河,西侧有一座占地近百亩的大庄园,虽经历经300余年的历史巨

1 | 2　1. 故居里的精美石刻
　　　2. 故居檐下挂着鸟笼

变,但昔日的规模仍依稀可辨,四眼井古戏台不改当年的古朴,被风剥雨蚀的亭台楼阁也似在回忆着当年的盛景。它就是人称"明相"的清康熙朝大学士纳兰明珠的私家宅院,现为纳兰性德纪念馆。

纪念馆当前主要由纳兰性德及其后人的墓地组成,在墓地参观时注意庄严肃穆,衣着得体,不要嬉笑打闹,注意文明游览。

名/人/故/居

鲁迅故居

走到阜成门内北街,在街口有一个醒目的路牌,顺着路牌的指示向北走,不久就可以看到在路的尽头有一座大气的古式建筑,里面还有一尊鲁迅先生的雕像,这里就是鲁迅先生在北京最后居住的地方了。

- 北京市西城区阜成门内大街宫门口二条19号
- 010-50872677
- 9:00—16:00,周一闭馆
- 免费

◎ 名人简介

鲁迅(1881—1936),伟大的无产阶级文学家、思想家、革命家,中国文化革命的主将、中国现代小说的奠基人、中国现代文学的奠基人之一,代表作有《呐喊》《阿Q正传》《朝花夕拾》等。

◎ 故居概况

鲁迅故居是一座青瓦灰墙的小四合院,前院是住宅,后院是小花园,小小的院子意趣盎然。进入朱红色的大门,映入眼帘的是一道屏门。屏门之后便是

陈列厅前有鲁迅先生的雕像

前院，鲁迅先生当年亲手栽种的丁香树依然枝繁叶茂、幽香阵阵。在这里可以看到一扇如意门，三间正房，四间倒座房，两间东、西厢房。正房的左右两间分别是鲁迅母亲和原配朱安的居室，中间一屋向北接出一间房，被称为"老虎尾巴"，这个不足10平方米的小屋是鲁迅先生的居室和工作室，窗下摆放着由一条长凳架着两块木板而成的简陋单人床，床边的书桌上陈列着一盏煤油灯、一个旧式闹钟和一个装有藤野先生照片的相框。倒座房是鲁迅先生的书房和会客室，西厢房用作厨房，东厢房是女佣卧室。从正房与西厢房之间的小门进去，便是第二进院，院中花草繁茂、绿树成荫，院落中间是一口鲁迅先生当年亲自打凿的水井，如今已成了枯井。鲁迅先生在北京生活、工作14年，居住过四个地方，这里是保存最完好且唯一对外开放的地方。当年鲁迅先生从砖塔胡同搬到这里，并在此生活了两年。在这座小院中，他完成了《华盖集》《野

鲁迅博物馆复原的三味书屋

草》《彷徨》《朝花夕拾》等名作。

◎ 故居逸事

  1923年12月，鲁迅先生筹借了400块银元，买下阜成门内宫门的院子，也就是今天的鲁迅故居。1924年春天，鲁迅先生为了使母亲和自己有一个良好的生活环境，亲自设计并绘制了草图，对院内破败的旧屋进行了一番改造。前院东西各加盖了两间小厢房，使得小院的布局更加合理、实用；后院挖了水井，种上了刺梅、丁香、碧桃等花木，让这座小小的四合院顿时有了些许江南水乡的韵味。1924年5月，鲁迅先生和妻子朱安以及他的母亲搬到此处居住，这里是鲁迅在北京的最后一处住所，他在这里一直居住到1926年8月，便离开北京前往南方。1929年5月和1932年11月，鲁迅两次从上海回北京看望母亲，也是住在这里。朱安则在这里一直陪伴着鲁迅的母亲，直到1947年这个孤寂的女人溘然长逝。北京鲁迅博物馆就是在这座鲁迅故居的基础上发展起来的。

  鲁迅博物馆由鲁迅故居和鲁迅生平陈列馆两部分组成。正对大门的两层楼为陈列馆，里面是鲁迅先生生平展览。据工作人员介绍，馆内有很多珍品，

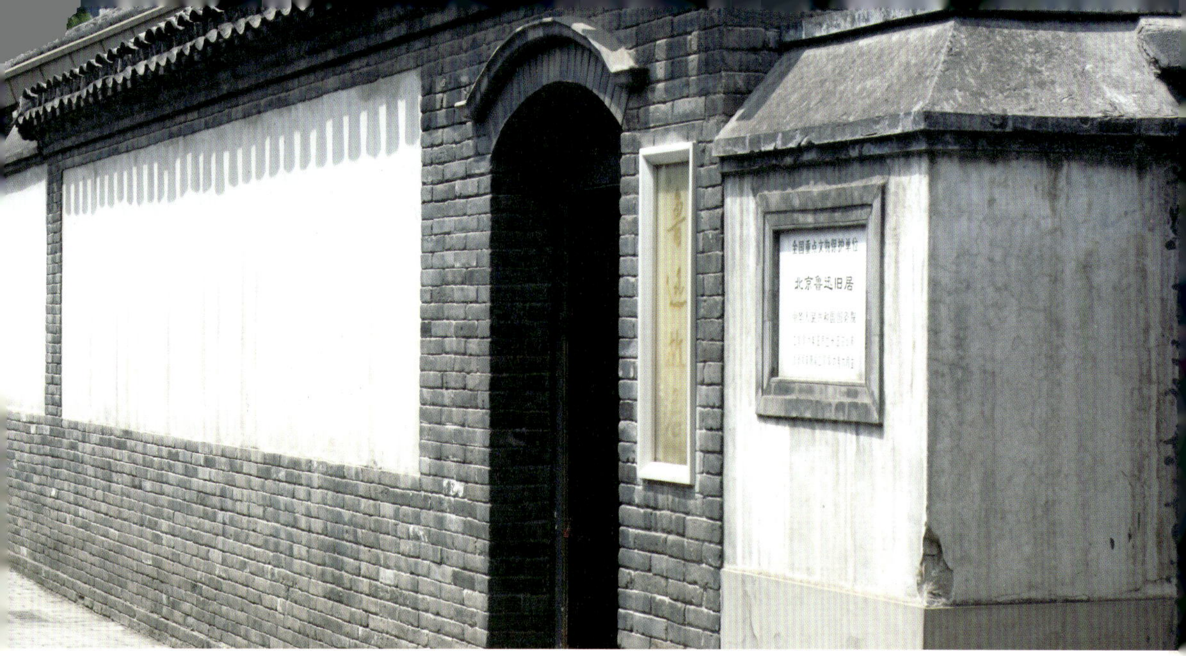

如鲁迅先生的代表作《阿Q正传》唯一一篇残稿、鲁迅先生在20 多岁时创作的《自题小像》手稿和在仙台医专时的解剖学笔记等。另一部分是入门左手边的一处院落，则为鲁迅故居。

名人足迹

绍兴鲁迅故居位于浙江省绍兴市东昌坊口（今鲁迅路208号），其东侧是鲁迅纪念馆和三味书屋。1881年9月25日鲁迅在这里出生，一直在这里生活到18岁便去南京求学，学成后回故乡任教也基本上居住在此地。故居是一幢中式两层楼房，所有陈设均恢复了鲁迅在这里居住时的原貌。这里可以看到鲁迅先生家中的客厅、卧室、厨房以及在他文中出现过的著名的百草园等。

Tips 出行小贴士

参观者应自觉遵守旧居有关规章制度，人多时不要拥挤，注意保护环境卫生，不要影响他人的参观。

名/人/故/居

郭沫若故居

相比恭王府花园里的人影婆娑，隔壁的郭沫若故居就显得清幽而宁静。郭沫若人生最后的15年是在这座院落里度过的。

> 📍 北京市西城区前海西街18号
> 🕘 9:00—16:30（周一闭馆）
> 💰 20元，18岁及以下儿童免票

◇ **名人简介**

郭沫若（1892—1978），原名郭开贞，字鼎堂，号尚武，四川乐山人，现代文学家、历史学家、新诗奠基人之一，中国科学院首任院长、中国科学技术大学首任校长、苏联科学院外籍院士。1978年6月12日，因病长期医治无效，在北京逝世，终年86岁。

◇ **故居概况**

郭沫若故居在西城区前海西街18号，原是清代和珅的一座花园，后成为恭亲王奕䜣府的草料场和马厩。民国期间，恭亲王的后代把王府和花园卖给辅仁大学，把此处卖给达仁堂乐家药铺做宅院。

1	2
	3

1. 纪念馆里藏书的书柜
2. 纪念馆里有郭沫若的塑像
3. 郭沫若赠书的北京图书馆回笺

1963年10月，郭沫若始居于此，直至1978年6月12日逝世，郭沫若先生在这里度过了他人生中的最后15年。

故居为大型四合院。大门内有一个树木点缀的土丘，有郭沫若夫妇亲手栽种的银杏和牡丹，其中的"妈妈树"最具特色。二门内的五间北房为工作室和会客厅，东耳房是卧室，东西厢房各三间。四周回廊环抱，有封闭式走廊通往后院，还有一东跨院。故居里保存了郭沫若的大量手稿、图书等珍贵文物资料。卧室、写字间和客厅，均按原状陈设展览。

Tips 出行小贴士

纪念馆里展出的艺术品都是十分珍贵的，有的展品甚至在世界上都是独一无二的，具有极高的价值。有些展品的说明文字中有"禁止触摸"的标志，参观时应留心查看。

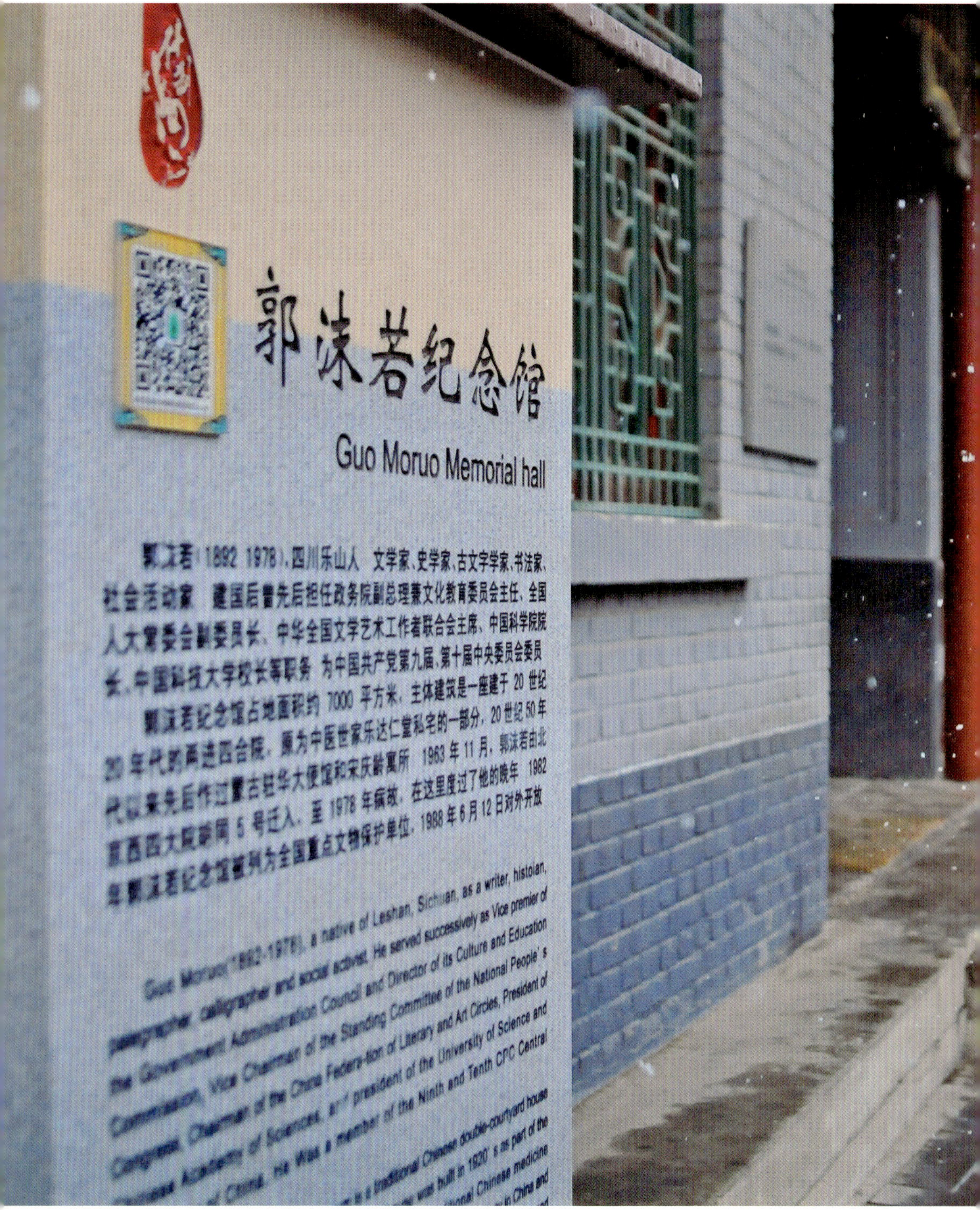
郭沫若纪念馆
Guo Moruo Memorial hall

# 茅盾故居

在菊儿胡同的附近还有一条胡同，不算有名，但总是有很多游人慕名前往，那便是后圆恩寺胡同。茅盾故居就在后圆恩寺胡同13号。

- 北京市东城区后圆恩寺胡同13号
- 9:00—16:00（周一闭馆）
- 包含在东栅景区的100元门票内

◎ 名人简介

茅盾（1896—1981），原名沈德鸿，字雁冰，浙江桐乡人，中国现代进步文化的先驱，伟大的革命文学家，卓越的无产阶级文化战士。

茅盾于1916年开始从事文学活动，先后创作了《子夜》《春蚕》《林家铺子》等大批文学作品，同时翻译介绍了许多外国作品。1921年组织文学研究会，改革《小说月报》，对我国新文化运动产生了巨大影响。1930年加入中国左翼作家联盟，和鲁迅一起团结广大进步作家，为反击国民党的文化围剿做出了卓越贡献。他以自己的笔推动抗战文艺的发展，有力地支持了人民解放战争。

1949年以来他长期主持文化部门的领导工作，为促进中外文化交流献出了全部心血。曾任文化部部长、全国人大代表、政协全国委员会常委、第四

故居典型的红色木门

和第五届全国委员会副主席、全国文联副主席、中国作家协会主席等职。临终遗嘱捐献稿费25万元,设立"茅盾文学奖"。

◎ 故居概况

故居位于圆恩寺胡同13号,是一座两进四合院。通过朱红色的大门,门内有一影壁,影壁上镶着邓颖超题写的"茅盾故居"金字黑色大理石横匾。前院

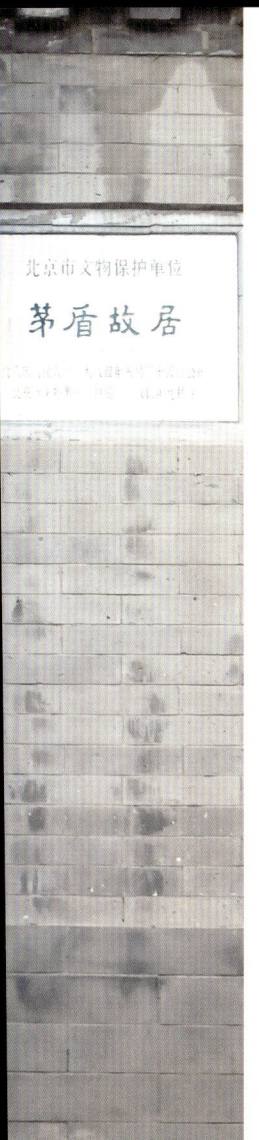

故居影壁上黑底金字的"茅盾故居"

　　有北房三间，东西厢房各三间，倒座房六间。西厢房原是茅盾的会客室和藏书室。东厢房为饭厅，其余为家属和服务人员住房。后院有北房六间和西厢房两间，北房原是茅盾的工作室兼卧室。茅盾逝世后，前院开设了两个陈列室，陈列茅盾生前的实物和图片，包括手稿、作品初版本、信件、手迹和茅盾主编过的文学刊物等，共400余件。后院正房室内保持原状：进门一间为起居室，北墙为一排书柜，书籍按其生前原样排放。书柜前为单人沙发一对。室内东侧临

159

名/人/故/居

窗放写字台一张。起居室东有门通往卧室，卧室内正中横放小床一张，床左侧案几上堆放着写回忆录备查的旧时期刊以及茅盾平时收集的剪报资料和晚年阅读的书籍。卧室的衣橱、七斗柜均为旧物。左侧靠墙的一个小衣柜上，安放着夫人孔德沚的黑漆镂花骨灰盒。西首北房专辟为"茅盾文库"，内收藏有茅盾著作及其藏书。1987年划定保护范围及建设控制地带，保护范围系圆恩寺后街13号院范围以内。

故居院子里有茅盾的塑像

位于后圆恩寺的故居是茅盾晚年最后的住所。从 1974 年到 1981 年，茅盾在这里走过了人生最后一段路。不长的胡同里，却留下了他的最后一部著作——长篇回忆录《我走过的路》。茅盾故去后，这座故居被列为北京市文物保护单位。

在参观时，我们不妨放慢脚步，放低声音，在这四合院里静静感受茅盾的故事。

院子里郁郁葱葱

名/人/故/居

故居里的藏书很多

◎ 名人足迹

　　茅盾先生的故居有两处，一处在北京，一处在乌镇。北京故居于1985年3月27日正式对外开放。而乌镇故居则是茅盾先生出生和青少年时期生活的地方，是国家重点文物保护单位。

Tips 出行小贴士　　不大的居室内留下茅盾先生在此生活过的印记，安静地参观，细细地品味，是一个文明旅游者应该遵守的基本文明准则。

老舍故居

老舍的故居很安静,小小的四合院里留下这位大文豪对于这座古都深深的爱恋。16年的相守,小小院落里的一砖一瓦都印刻下老舍先生挑灯不眠的身影,也许老先生每晚窗前的那一轮明月时而诗意时而凄冷,难怪那篇《月牙》写得如此凄冷。月还是那轮月,只是看月牙的人心境异然。

- 北京市东城区灯市口西街丰富胡同19号
- 周二至周日 9:00—16:00
- 参观免费,语音导览10元,押金100元

◇ 名人简介

老舍(1899—1966),字舍予,原名舒庆春,另有笔名絜青、鸿来、非我等。因为老舍生于阴历立春,父母为他取名"庆春",大概含有庆贺春来、前景美好之意。上学后,自己更名为舒舍予,含有"舍弃自我",亦即"忘我"的意思。北京满族正红旗人。中国现代小说家、作家,第一位获得"人民艺术家"称号的作家。代表作有《骆驼祥子》《四世同堂》《茶馆》。

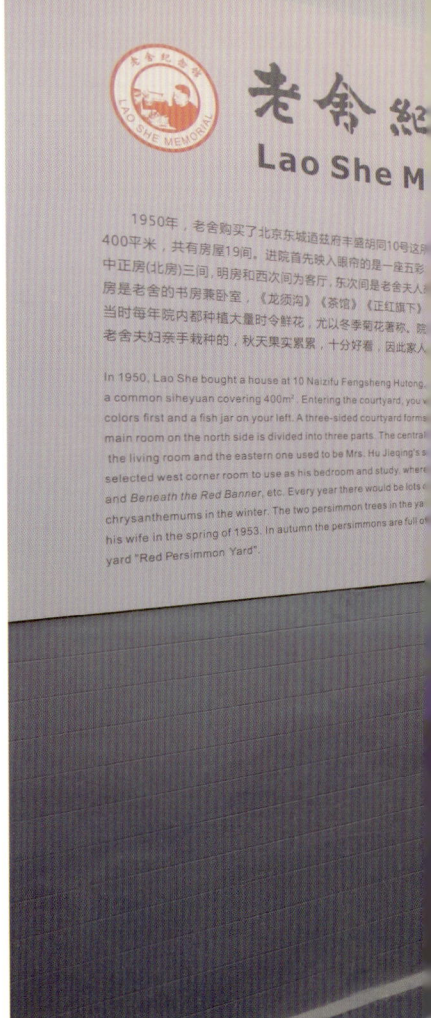

不同于一般宅子的黑色大门

◎ 故居概况

老舍在北京住过的地方共有 10 处。乃兹府丰盛胡同 10 号（今灯市口西街丰富胡同 19 号）是老舍先生 1950 年由美国归国后，自己花钱购买的一个普通的小四合院，现为北京市人民政府于 1987 年公布的文物保护单位，老舍先生在这里住的时间最长，长达 16 年，直至辞世。

故居是典型的北京四合院，也是老舍纪念馆的所在地。正门坐西朝东，灰瓦门楼，门扇为黑漆油饰。进门首先映入眼帘的是座砖砌影壁，中心贴个大红福字做装饰。往里走是个小院，只有两间南房，是为门房；往西还有个狭长小院，

故居现为老舍纪念馆

是老舍之子舒乙的住房。

往北是一座三合院,这是故居的主体部分。进入后首先看到的是一面五彩木影壁,院内正房为北房三间,左右各带一间耳房。明间和西次间为客厅,东次间为卧室,西耳房即为老舍的书房。书桌对着东门,一转身就可以拿到嵌在墙上的书橱里的书籍。书桌是硬木镶大理石的,上有几件文物,一枚齐白石为他刻的印章,一只冯玉祥将军赠他的玉石印泥盒,一方清代戏曲理论家李渔曾用过的砚台,上刻"笠翁李渔书画砚",还有老舍生前用过的眼镜、钢笔、墨水瓶、烟灰缸、台灯、收音机和台历等。

外墙上的故居信息

  厅中陈列着沙发、条案、硬木雕花圆桌、凳及多宝阁。南面向阳的窗台、茶几上摆着各种盆景、盆花。西墙上挂着著名国画家赠送的老舍喜爱的字画。据老舍夫人胡絜青说,原来这些字画几天就换一次,每换一次,老舍总要细细地看上半天。在这里,老舍曾接待过许多著名艺术家和中外友人。东西各有三间厢房,东厢房为老舍女儿居住,西厢房是就餐的场所。1954年春天,老舍先生在小院中亲自栽下了两棵柿树。每逢深秋时节,柿树缀满红柿,别有一番诗情画意,为此胡絜青美其名为"丹柿小院"。

◇ 名人足迹

北京、重庆、山东和伦敦都有老舍先生的故居。

重庆故居位于重庆天生新村63号，1943年刚动完盲肠手术的老舍与一家人开始在此定居，老舍在此完成了《火葬》《惶惑》《饥荒》等长篇小说。2012年，该故居正式更名为"四世同堂纪念馆"，面向社会开放。

山东济南故居位于济南市历下区南新街58号（原南新街54号），老舍的妻子在这里生下了大女儿舒济。在这间小屋里，老舍创作了长篇小说《离婚》《牛天赐传》，以及收录在《赶集》中的大部分短篇小说。

山东青岛故居位于青岛市市南区黄县路12号，2010年改建为"骆驼祥子博物馆"，1936—1937年，老舍在此居住，并在此完成了他"写作生涯的第一炮"——《骆驼祥子》。

伦敦故居位于英国伦敦市圣詹姆斯花园31号，1925—1928年，老舍在英国担任讲师期间在此居住，老舍在这里完成了长篇小说《老张的哲学》和《赵子曰》。

纪念馆同图书馆一样，是一个讲究安静的场所，因此，参观者在馆内应该始终保持安静，尽量不要高谈阔论，更不能大声喧哗，以免导致馆内秩序混乱，影响他人的参观情绪，分散他人的注意力。

名／人／故／居

# 叶圣陶故居

小时候在课本里总学习叶圣陶的文章，如《荷花》《爬山虎的脚》等，未曾想今时可以来到他所居住的地方，想象此地曾如何给予他灵感。

◎ 北京市东城区东四八条71号
◎ 不对外开放

◎ 名人简介

叶圣陶（1894—1988），原名叶绍钧，字秉臣，江苏苏州人，现代作家、教育家，有"优秀的语言艺术家"之称。先后出任教育部副部长、人民教育出版社社长和总编、中华全国文学艺术界联合委员会委员、中国作家协会顾问、中央文史研究馆馆长、中华人民共和国全国政协副主席，第一、二、三、四、五届全国人民代表大会常务委员会委员等职。1983年当选为第六届全国政协副主席。1988年2月16日在北京逝世，享年94岁。

◎ 故居概况

叶圣陶故居位于东四八条中部，东邻朝阳门北小街。该院建于清朝中后期，原为清朝内务府掌管帘子库官员的住宅。中华人民共和国成立后为叶圣陶先生

的寓所。现为其家属所居。

　　该宅院为三进四合院，坐北朝南。小如意门一间，硬山合瓦清水脊，门楣有精美的砖雕图案。门内有一字影壁，倒座房三间，门房两间，皆为硬山合瓦皮条脊。一进院北为一殿一卷式垂花门通二进院。二进院北房三间，前带廊，两侧各有耳房两间，东西厢房各三间，厢房南带耳房各一间；四周抄手游廊，廊子带有什锦窗。三进院有后罩房三间，西耳房两间，均为硬山合瓦清水脊。1986年1月21日该院公布为东城区文物保护单位。

故居雅致的小院

故居檐下有廊

◎ **名人足迹**

叶圣陶在苏州的故居位于苏州市滚绣坊青石弄5号。1935年,他将房产购下,略加修缮,作为自家的宅第。平房呈"丁"字形,有青砖廊道,有方形立柱,布局开阔,庭院内紫藤悬垂,小径透迤。叶圣陶许多作品都在这里完成。1984年年底,叶圣陶将宅第捐献给国家,以给各地作家来苏州体验生活时小住。1988年冬天,苏州杂志社迁入此处办公。

Tips 出行小贴士

旧居现在为叶圣陶后人居所,在游览时注意行为举止,不要打扰他们的正常生活,更不要随手丢弃垃圾和吸烟,要做到安静游览、文明游览。

 / 田汉故居

北京的胡同里藏着多个历史名人的故居，一座宅子往往几经易手，却不断见证着历史的进程，田汉故居正是如此。

北京市东城区东四北大街细管胡同9号
不对外开放

◎ 名人简介

田汉（1889—1968），本名寿昌，笔名陈瑜，著名剧作家。日本东京高等师范学校毕业。归国后，与郭沫若等人组织创造社，创办南国剧社等戏剧团体，创作了《咖啡店之一夜》等优秀独幕话剧。1930年加入"左联"，任主席，1932年加入中国共产党。与聂耳合作创作了《义勇军进行曲》。抗日战争时期在长沙、桂林等地组织抗战戏剧运动，主编《新长沙报》《抗战戏剧》等刊物。中华人民共和国成立后任文化部艺术局局长、中国文联副主席等职。

◎ 故居概况

田汉故居位于细管胡同9号院，在胡同东段北侧，坐北朝南，是一座两进宅院。故居的金柱大门是具有一定品级的官宦人家采用的宅门形式，台基和柱

故居前还能看出往昔的奢华

高明显高于倒座房的台基和柱高，进深和宽度也明显大于倒座房。大门西侧是四间倒座南房，与五间腰厅和东西厢房各两间构成一进院，亦称"外院"。

二进院（里院）有带前廊的北房三间，北房两侧各有耳房一间，另有东西厢房各三间，院内房屋均为清水墙体和清水脊合瓦屋面，院内建筑与格局基本保持原状，只是外院的西厢房已改建，里院北房的前廊被扩入室内。

◎ 名人足迹

田汉的长沙故居位于长沙县田家塅茅坪，即今果园镇田汉村，是一典型农居，土砖砌成，正堂两楹，两旁为杂屋，屋前临塘。田汉7岁入私塾读经史，9岁丧父，赖母帮佣为生，后失学在家，一面教弟识字，一面自学。10岁寄居仙姑殿山下"栖凤庐"，庐主系田家远房亲戚。"栖凤庐"山峦环抱，环境幽

外墙上的故居介绍和门外古朴的门墩

邃，10米见方大院内栽有茶花和天竺，田汉在此阅读了《西厢记》《红楼梦》等书籍。至11岁时田汉离开故居，前往省城求学。

Tips 出行小贴士

原有的北京旧居目前为单位宿舍。在游览时注意行为举止，不要打扰住户的正常生活，更不能随手丢弃垃圾和吸烟，要做到安静游览、文明游览。

名/人/故/居

欧阳予倩故居

张自忠路上的建筑中西合璧,有许多小洋楼。其中欧阳予倩故居便是一座西式小楼身后的一座单独的平房,两边各有一间耳房,十分有特色。

> 北京市东城区张自忠路甲 5 号
>
> 不对外开放

◎ 名人简介

欧阳予倩(1889—1962),中国著名戏剧艺术家,湖南省浏阳市人。1902年留学日本,1907年加入春柳社,演出话剧《黑奴吁天录》。1916年起登上京剧舞台,创造了独特的舞台表演风格。1926年加入南国社,创作剧本《潘金莲》等。1929年创办广东戏剧研究所。1931年加入"左联",抗战时期编写历史剧《忠王李秀成》等。抗战胜利后编导《关不住的春光》等电影。中华人民共和国成立后任中国文联副主席、中央戏剧学院院长。著有《欧阳予倩剧作选》《自我演戏以来》《一得余抄》《电影半路出家记》等。

◎ 故居概况

故居位于东城区张自忠路甲 5 号。院内建筑为中西合璧式。大门为近代式砖拱门楼,东西两侧有南房各四间,临街墙面辟拱券式窗,北面为平廊,接东西房各两间。院中部为一幢西式建筑,平面近似正方形,砖石结构,四坡顶,水泥板瓦屋面,檐口有砖砌多层线角装饰。西面辟五个券窗,东、南两面居中一间辟有门,五级台阶。南面主入口有门廊一间,两坡顶,三角形门楣,四根爱奥尼式柱子支撑,东西两侧为瓶式的廊凳。房东南角设有太阳房,八角攒尖式屋顶。其东有一座北房为院内正房,面阔三间,前后出廊,再北后房五间,前出廊。其西建有中式排子房五间。

欧阳予倩先生曾居于西北部的宅院,有北房三间,前廊后厦,东耳房一间,西耳房两间,均为硬山合瓦过垄脊,室内为木地板铺装。

1949年,欧阳予倩从香港回到北京,同年11月,全家迁至此院。郭沫若、

故居中西合璧的大门

外墙上有文保牌及故居的介绍文字

田汉、曹禺、老舍等经常在此聚会，1986年此宅定为东城区重点保护文物。

◎ 名人足迹

  在欧阳予倩的老家浏阳，也有一座他的故居，故居位于淮川街道西正社区人民中路49号营盘巷，属省级文物保护单位。自2017年11月7日正式对外开放，其中展陈工程主要分为欧阳予倩生平专题陈列展板、欧阳予倩故居复原陈列等项目。陈列馆分为官宦之家的叛逆者、爱国抗敌的文艺斗士、新中国戏剧事业的奠基人、风范永存等4个部分，简明扼要地概括了欧阳予倩的一生。

Tips
出行小贴士

  欧阳予倩北京故居目前已经是民宅，在游览时需要充分尊重居民的意愿，不要违规拍照、不要擅自闯入和吵闹。

# 沙千里故居

民国时，几乎每条巷口都有文人志士走过，对门的邻居可能就是学界大家、戏曲界集大成者。走在巷路上，让人不禁会想，早年在这里生活会是怎样一种感觉？正想着，没走几步路，就和沙千里故居相遇了。

📍 北京市东城区东四六条 55 号
🕒 不对外开放

◎ 名人简介

沙千里（1901—1982），原名重远，原籍江苏苏州，生于上海。因家庭贫困，小学还未读完，就到上海大丰棉布批发字号当学徒，5 年升任账房。1936 年 11 月 23 日凌晨，与邹韬奋等 6 人以"危害民国罪"被捕，即"七君子事件"。上海解放后担任上海市人民政府副秘书长。中华人民共和国成立后调到北京，历任贸易部和商业部副部长、全国工商联秘书长、地方工业部和轻工业部部长、粮食部部长等职。1982 年 4 月 26 日，因病在北京逝世，终年 81 岁。

◎ 故居概况

沙千里故居位于东四六条中部，东邻朝阳门北小街、东四北大街。该院落

故居门上挂着大红灯笼

约建于清晚期，民国时期曾为一官员的宅第。

故居内四周抄手游廊上带倒挂楣子，下有坐凳栏杆。二进院内有北房三间，前廊后厦，两侧有耳房各一间；东西厢房各三间，厢房南面各带耳房一间。三进院有后罩房七间，偏轴线西侧，西配房三间。该院建筑均为硬山顶合瓦清水脊屋面，墀头有精美的砖雕。

Tips 出行小贴士

原有的旧居目前是某单位用地。在游览时注意行为举止，不要打扰他们的正常工作和生活。不要随手丢弃垃圾和吸烟，要做到安静游览、文明游览。

朱启钤故居

故居是一座占地近3000平方米的四进四合院,院内建造时所用木工、彩画工都是曾为故宫施工的老工匠。

📍 北京市东城区赵堂子胡同 3 号

🕐 不对外开放

◎ **名人简介**

朱启钤(1872—1964),字桂辛,晚年号蠖公,人称桂老,祖籍贵州开州(今开阳),光绪年间举人、北洋政府官员、工艺美术家、中国营造学社创始人。1964年2月26日朱启钤卒于北京,享年92岁。

◎ **故居概况**

这座房子是朱启钤在20世纪30年代购置的,当时还是一座未完成的建筑,后由他亲自设计督造,建成一处大型宅院。院内的彩画及建筑上的设计,完全按《营造法式》进行,所用木工、彩画工都是曾为故宫施工的老工匠。可以说,这座宅院的建设倾注了朱启钤大量心血。

从门脸还能看出些故居昔日的大气堂皇

故居位于赵堂子胡同3号,东邻宝盖胡同,西近朝阳门南小街,北靠盛芳胡同,在胡同稍有曲折处北侧,恰处"五路通祥"之地,坐北朝南,布局独具特色。一条贯穿南北的走廊为中轴线,将整个宅院分成东西两部分,且将两部分的八个院落有机地组合为一个颇具气魄的宅第。现存建筑形制为:南端中部辟有金柱大门一间,硬山灰筒瓦过垄脊屋面。西路大门西侧有倒座房五间;一进院一殿一卷式垂花门;二、四进院均为北房三间前出廊;三进院北房三间,前后廊各带西耳房两间,西厢房三间,前出廊,皆为硬山顶灰筒瓦过垄脊屋面。东路一进院北房三间,前出廊,勾连搭一殿一卷式屋面,西耳房两间,进深五檩,歇山顶;二进院亦为北房三间带西耳房两间,前出廊,有东厢房三间;三进院有北房五间,东厢房三间。四进院已改建。

该院建成后,前半部为"中国营造学社",后半部是朱启钤及其眷属的住

故居现在有人居住

宅。北京沦陷时期，宅院被日本人强行购买，抗战胜利后又发还朱家。中华人民共和国成立后，朱启钤将此宅献给国家，全家迁入东四八条111号。1986年1月21日，故居被公布为东城区文物保护单位，现为某单位宿舍。

Tips
出行小贴士

故居的后街就是金宝街，有老门框爆肚等北京名吃，游览完之后可以去那里一饱口福。

七

艺苑之家

北京人从小就深受戏剧的熏陶,早年前门外戏园子鳞次栉比,那些戏剧名角自然成了当时社会生活中最闪亮的焦点。看看跨车胡同13号的院落,要不是那块悬挂在斑驳墙壁上的小铭牌,谁还记得这里曾住着国画泰斗齐白石?梅兰芳曾居住的两进小院,室内陈设精巧而又典雅。西四北三条39号的程砚秋故居淹没在灰瓦小巷里,也只有一块小小的铭牌在向世人诉说着程砚秋在这间小院里度过的一个个春夏秋冬。

名/人/故/居

梅兰芳故居

修缮一新的梅兰芳故居不免令票友们怀念这位名旦辉煌璀璨的一生。小院两进，室内的陈设精巧而又典雅，无不流露出一代大师眼中极富东方韵味的审美。

- 北京市西城区护国寺街9号
- 周二至周日9:00—16:00
- ¥ 10元

◎ 名人简介

梅兰芳（1894—1961），祖籍江苏泰州。梅兰芳8岁学戏，9岁拜吴菱仙为师学青衣，10岁登台，后又求教于秦稚芬和胡二庚学花旦。他1950年任中国京剧院院长，1951年任中国戏曲研究院院长，1953年任中国戏剧家协会副主席，1959年加入中国共产党，1961年8月8日在北京病逝，享年67岁。

梅兰芳在50余年的舞台生涯中，发展和提高了京剧旦角的演唱和表演艺术，形成一个具有独特风格的艺术流派，世称"梅派"。其代表作有《贵妃醉酒》《天女散花》《宇宙锋》《打渔杀家》等。

故居的院中有座牌坊

◎ 故居概况

故居现为梅兰芳纪念馆,位于西城区护国寺街9号,占地面积716平方米。1961年梅兰芳逝世前,曾在这幽静、安适的四合院内度过了他人生的最后10年。此院原为清末庆亲王府的一部分,中华人民共和国成立后经过修缮,梅兰芳搬到这里居住。梅兰芳逝世后,时任国务院总理周恩来提议建立梅兰芳纪念馆。纪念馆于1986年10月正式建成对外开放,收藏有梅兰芳夫人福芝芳及子女在1962年捐献给国家的大量珍贵文物、文献资料。

展馆占地716平方米,朱漆大门上首悬挂着邓小平同志亲笔书写的馆名匾额。一进大门,迎面是青砖灰瓦的大影壁,影壁前安放着梅兰芳先生的汉白玉半身塑像。院内种有两棵柿子树、两棵海棠树,寓有"事事平安"之意。

故居里典雅的客厅

正院北房正中为客厅，里间为起居室，东西耳房为卧室和书房，书房的书柜里收藏着大量珍贵手抄剧本，墙上悬挂着张大千、齐白石、陈半丁等著名画家的作品，各项陈设均按梅兰芳生前生活原状布置。

东西两边厢房原为梅兰芳子女的居室和餐厅，一边房间辟为专题展览室；另一边房间辟为活动室，作为招待贵宾和举办小型梅派艺术活动的场所。外院南屋是纪念馆主要展室，展出了大量珍贵照片和实物。

◎ 名人足迹

"九一八"事变爆发后，1932年冬，梅兰芳偕全家告别了北平故居"缀玉轩"，在上海马斯南路121号（今思南路87号）定居下来。在斯南路居住期

1. 故居里的戏画《虹霓关》
2. 故居里展览的京剧脸谱
3. 展馆中梅兰芳当时演出时的戏服

间，梅兰芳排演了《抗金兵》《生死恨》等戏。全面抗日战争爆发后，梅兰芳罢歌罢舞，息影舞台，并留起了胡子，期间汪伪政府与侵华日军数次登门要求梅兰芳重新登台，均遭拒绝。直到抗日战争胜利，梅兰芳才在思南路的寓所剃去留了8年的胡子，重返舞台。

江苏省泰州市的梅兰芳纪念馆由原梅兰芳史料陈列馆和梅兰芳公园合并而

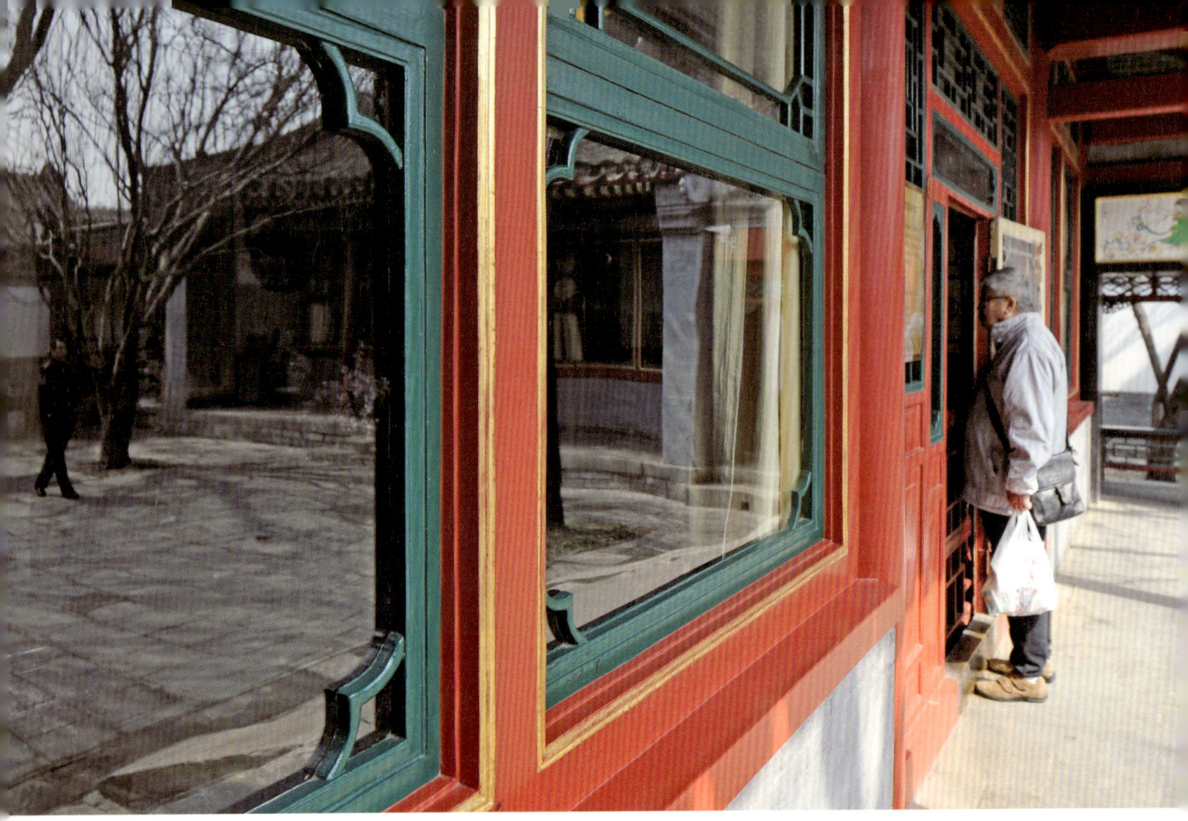

故居极具中国风的门窗

成，俗称梅苑，是京剧大师梅兰芳故乡的纪念建筑群。1985年2月，时任国家主席的李先念题写了馆名。

梅兰芳史料陈列馆由明清两代古建筑移建而成，其布局错落有致，融严整、朴实、幽静、雅致于一体，设有梅兰芳艺术生平、梅兰芳生活实物展、桃李厅等几部分内容的7个展厅。

Tips
出行小贴士

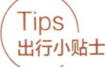

在参观纪念馆时，注意不要跨越文物护栏或玻璃围栏。一切听从馆内人员的引导，在参观的过程中有任何疑问可以小声礼貌地询问讲解员。入馆前，认真听工作人员讲规则和注意事项，遵守馆内秩序。

第三章 / 京城故居往事

齐白石故居

看看如今的院落,哪里还可以看得出昔日门庭若市的景象,谁还可以想象得出昔日院落内纸墨飘香间墨画静怡的悠然画面,要不是那块悬挂在斑驳墙壁上的小牌子,谁又能想到这里曾经住着国画泰斗齐白石?

📍 北京市西城区跨车胡同 13 号

🕐 不对外开放

◎ 名人简介

齐白石(1864—1957),祖籍安徽宿州砀山,生于湖南长沙府湘潭(今湖南湘潭)。原名纯芝,字渭青,号兰亭;后改名璜,字濒生,号白石、白石山翁、老萍、饿叟、借山吟馆主者、寄萍堂上老人、三百石印富翁,近现代中国绘画大师。早年曾为木工,后以卖画为生,57岁后定居北京。擅画花鸟、虫鱼、山水、人物,笔墨雄浑滋润,色彩浓艳明快,造型简练生动,意境淳厚朴实。所画鱼虾虫蟹,天趣横生。书工篆隶,取法于秦汉碑版,行书饶古拙之趣,篆刻自成一家,善写诗文。曾任中央美术学院名誉教授、中国美术家协会主席等职。代表作有《蛙声十里出山泉》《墨虾》等。著有《白石诗草》《白石老人自述》等。

名/人/故/居

绿树大厦间的故居

◎ 故居概况

　　繁华的西单商业区西侧，高楼大厦之旁，喧闹的街市之后，一处陈旧的四合院在现代的氛围里独守着一份古朴。这就是跨车胡同13号，一代书画艺术大师齐白石的故居。

　　齐白石从50岁一直到去世都居住在跨车胡同13号。他晚年的大部分传世之作都是在这座简陋的旧宅中完成的。期间，政府曾经在东城区雨儿胡同专门为他修建了一处舒适的新宅让他居住，但是老人思念西城区的旧居，在新居只住了短短的几个月就搬了回来。

故居东开门，有东、西、北屋，面积约 600 平方米。北面的三间屋子，分别是齐白石生前的画室、卧室和饭厅。据齐氏后人介绍，齐白石为了安全，在北屋前面的走廊安装了铁栅栏，他在题画时常用"铁屋"二字。后来，齐白石把铁屋命名为"白石画屋"，房檐下悬挂着他篆刻的黑底烫金的"白石画屋"横匾。

据说，院子里原来种有葡萄、凌霄和柳树，北院的一棵大枣树高出房顶，绿树成荫。由北院去南院辟有两个雕花青砖砌成的月亮门，古朴雅致。现在的故居被高楼大厦所包围，门外的跨车胡同往北的一段已被堵死，只剩下南边的一段，而这段胡同里只有故居一个独户。

故居独特的门墩

名/人/故/居

故居略为破旧的大门

◎ 名人足迹

　　齐白石湖南的故居位于湖南湘潭白石铺杏子坞星斗塘，建于清朝咸丰年间，共有 7 个房间，整座建筑由土墙茅顶构成。齐白石 1864 年 1 月 1 日出生于此，并一直在此生活，直至 1900 年迁居到附近的梅公祠。在故居生活的 36 年为齐白石奠定了绘画基础。1996 年湖南省政府将其公布为省级文物保护单位。

Tips 出行小贴士

　　原有的北京旧居目前是单位用地。北京另有一座齐白石旧居纪念馆位于雨儿胡同 13 号，如果想要进一步了解齐白石晚年的生活与创作环境，可以前往游览。

# 程砚秋故居

同为一代戏剧泰斗，程砚秋的故居相比梅兰芳的院落就显得落寞许多，淹没在灰瓦小巷里的西四北三条39号，也只有一块小小的铭牌向世人诉说着四大名旦之一、程派艺术的创始人在这间小院里度过的一个个春夏秋冬。

> 📍 北京市西城区西四北三条 39 号
> 🕐 不对外开放

◇ **名人简介**

程砚秋（1904—1958），原名承麟，满洲正黄旗人，后改为汉姓程，初名程菊侬，后改艳秋，字玉霜。1932年起更名砚秋，改字御霜。著名京剧表演艺术家，四大名旦之一，程派艺术的创始人。

◇ **故居概况**

程砚秋在北京的故居有10多处，分别位于德胜门内后海南沿小翔凤胡同、前门外东大市西湾尺胡同、宣武门外魏染胡同荣蝶仙宅、前门外北芦草园9号、前门外西河沿排子胡同23号、前门内草帽胡同6号、高碑胡同5号、府右街枣林大院兴平巷6号、崇文门内苏州胡同七贤里、东单牌楼东大街西观音寺、

1	
2	1. 门上的铜门环
	2. 檐下有精细的花纹

东单牌楼北大街什锦花园6号、西四牌楼北报子胡同18号、青龙桥、董四墓程家花园，其中西城区西四牌楼北报子胡同18号（今西四北三条39号）为其居住时间最长的一处。1938—1958年程砚秋在此居住，现为市级文物保护单位。

故居占地面积约390平方米，共两进院落。大门南向，门两侧各有一方形门磴。进大门，迎面有一影壁。前院有北房四间，为会客厅和书房，名"御霜书斋"。后院有北房三间，东里间为程氏夫妇卧室，室内陈设基本保持原状。东西厢房各三间，周围有抄手廊相连。1987年被列为划定保护范围及建设控制地带。

故居门前很干净

Tips
出行小贴士

故居现在为其后人居住,参观时要保持安静,不要打扰到现有的住户。参观完后可以去附近的历代帝王庙,感受一下中国的帝王文化。

八

将星宅邸

　　走进美术馆东街的深宅大院，如今这里虽人员嘈杂，但依旧无法掩盖这座三进院落昔日的英武之气，这里是杜聿明在北京的故居。魏家胡同深处的宁静中依旧流露出昔日繁华的盛世景象，这里曾是民国一代名将吴佩孚的故居。那些能够在历史长河中留下浓墨重彩的一笔之人，必定是性情中人，就如同蔡锷将军，小巷深处他和小凤仙那段传奇故事至今仍为人们津津乐道。如今过往匆匆的行人，谁还会知道身边院落里那曾经的往事。

吴佩孚故居

吴佩孚故居位于魏家胡同东部，东临小细管胡同，南依什锦花园胡同，别称"马辉堂花园"。

> 北京市东城区东四什锦花园 19 号
> 对外开放

◇ 名人简介

吴佩孚（1874—1939），字子玉，山东蓬莱人，民国时期著名的军事家、中国国民革命军一级上将，官至直鲁豫两湖巡阅使、十四省讨贼联军总司令。吴佩孚善于用兵，富于韬略，军事才能在当时中国武人中名列前茅，兵锋所指，无不披靡，更为世人所瞩目。在其军事生涯前期，曾一战安湘、再战败皖、三战定鄂、四战克奉，有"常胜将军"之名。其人格品德甚高，有《循分新书》《正一道诠》《明德讲义》《春秋正义证释》等著述传世。

◇ 故居概况

街巷深处的宁静中依旧流露着昔日繁华的盛世景象。吴佩孚故居位于魏家胡同东部，东临小细管胡同，南依什锦花园胡同。原宅第面积约7000平方米，建筑分为东西两部分，东为住宅，西为花园。

院落坐南朝北，大门一间，于院西北角和东北角另辟两个北门。东院住宅为一组并联式二进四合院。一进院东西南北房各三间，均带前廊，硬山顶合瓦皮条脊。东院的西厢房和东厢房合为一座过厅，连通东西两院。抄手游廊连接院内各屋。西院西北角处辟有月亮门通花园，最北面有后罩房一列十余间，为硬山合瓦清水脊屋面。两院南部另有一组四合院建筑，现大门为小细管胡同15号，北房三间，前出廊，东西厢房各三间，带前廊，南房三间，均为合瓦硬山清水脊。西院是花园部分，花园东南又有廊连接一院，东可通东部宅院，西可往西院，廊子均带坐凳栏杆。南面有一座三卷勾连搭建筑，面阔三间，其西带两间两卷勾连搭耳房，耳房前加平顶廊，此建筑后面西一间与耳房东一间之间加一后厦，均为合瓦过垄脊。北面有一座戏楼，面阔三间，硬山顶合瓦三卷勾连搭屋面。东侧敞轩一座，坐东朝西，原为佛堂。西北部假山之上有歇山三间轩一座，其西侧有爬山廊与南面房屋衔接；廊西一座北房，为供奉鲁班和财神之殿。假山西北部有一面阔三间的三卷勾连搭房，原为清代著名营造家马辉堂本人居住。

现宅内主要建筑尚完整，但花园仅存部分山石和游廊。

◎ 名人足迹

在武汉，有一处很有名的地方——吴家花园，吴指的就是吴佩孚。从南京路120号到124号，这在当年，都属于著名的吴佩孚行宫，即吴家花园。吴家花园是吴佩孚公馆的一部分，是座花园洋房，据说为吴佩孚和夫人张氏居住，二层横向房楼是吴佩孚的护兵兵营。

吴公馆的院墙建造绝对的中式古典，墙体很厚，骑马式墙头，顶上可容几个人行走，围边女儿墙，院墙如城墙。

现如今，吴家花园其中的一部分成了一间茶室，里面环境清幽雅致、古色古香，院墙上爬满绿植，小桥、池塘、天井、冬青、椿树、爬山虎、吊灯、藤椅、瓷版画、旋转楼梯，诸多元素汇聚在一起，相映成趣。而吴家花园的另一部分则成了一家古香古色的餐厅——美庐时尚餐厅。

第三章／京城故居往事

故居的一檐一瓦中国味十足

出行小贴士

在游览的时候注意保护建筑的完整性，保护山石和游廊，不破坏古物，保持故居良好的环境。

名/人/故/居

蔡锷故居

小巷深处小凤仙和蔡锷那段脍炙人口的传奇故事，袁世凯的"鸿门宴"，蔡将军的金蝉脱壳，似乎都淹没在小院斑驳的砖瓦间，如今过往匆匆的行人，谁还会知道身边院落里那些往事。

> 北京市西城区棉花胡同66号
> 不对外开放

◇ 名人简介

蔡锷（1882—1916），原名艮寅，字松坡，湖南宝庆（今邵阳市）人，我国近代著名的民主革命家和杰出的军事家，曾积极响应辛亥革命，发动反对袁世凯洪宪帝制的护国运动，是杰出的军事领袖。

◇ 故居概况

蔡锷故居位于西城区棉花胡同66号，是蔡锷将军1913—1915年在北京时的居所。这里曾是袁世凯的亲家天津大盐商何仲璟的产业，蔡锷来到北京时就住进了这里。从外面看，故居甚为简朴，没有上马石、拴马桩，整体格局和老北京的四合院也不一样，连做工、用料都十分普通。20间房屋均是平地

简朴的故居大门

起房，正房也没建于三层石级之上。故居内有前后两院，一段回廊将房屋连接在一起。前院的西房为大门，配房、北房、南房各三间；后院有北房、南房、东房各三间。

◎ 名人足迹

蔡锷在湖南还有一处故居，位于湖南省邵阳市大祥区蔡锷乡蔡锷村。蔡锷当年在这里发蒙识字，他的童年时光就是在这座故居中度过的。

故居始建于清嘉庆年间，结构保留着清代同治和光绪时期的建筑特征，始建时由一幢连五间正房和一幢连三间的偏屋组成"L"形布局,根据蔡氏族谱记载,这两幢统称蔡家老屋,其西面与东面保存有蔡家祖辈、父辈的坟山。正房为两层,前檐廊的楼上带木晒廊。偏屋即现在所指的蔡锷故居:面朝西北,土木结构,青瓦盖顶,面阔三间带前廊,单檐悬山顶土砖墙,两坡顶上盖小青瓦屋面。东侧的山墙外搭有披屋一间,檐廊双步梁小穿枋,室内硬山搁檩、木檩木椽,屋脊高五米多。故居的明间正中设双开板门,兼有堂屋、起居室的功能;右次间为蔡锷父母卧室,1882年12月18日,蔡锷出生于此;左次间为蔡锷的童年住房;披屋为厨间杂屋。

2002年5月,故居被湖南省人民政府公布为省级重点文物保护单位。2006年6月,故居被国务院公布为国家级文物保护单位。

故居斑驳的院墙

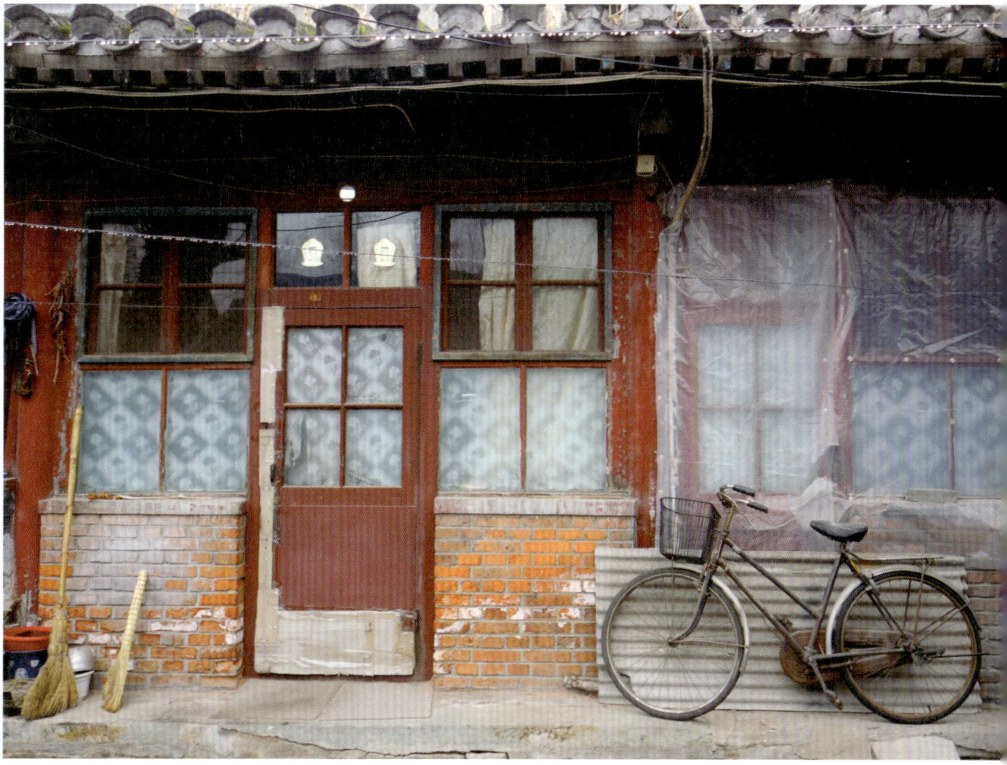

院子里老旧的厢房

Tips
出行小贴士

蔡锷北京的故居目前已经是民宅，在游览时需要充分注重居民的意愿，不要违规拍照，不要擅自闯入和吵闹。

名/人/故/居

杜聿明故居

杜聿明，国民革命军骁勇善战的将领，曾经挥师缅甸与日寇血战，最终败走野人山，一路累累白骨留下了一代热血军人不屈的魂魄。

📍 北京市东城区美术馆东街 25 号
🕐 对外开放

◎ 名人简介

杜聿明（1904—1981），字光亭，汉族，陕西省米脂县人。著名抗日将领，国民革命军陆军中将，黄埔系骨干。1924年6月入黄埔军校第一期学习，毕业后在国民革命军东征讨伐陈炯明中初露头角，历任军校教导团副排长，武汉分校学兵团中尉连长，中央陆军军官学校中队长，教导第2师营长、团长，第17军第25师旅长、副师长等职，曾参加北伐战争、长城抗战、淞沪抗战。1939年11月任第5军军长，率部参加桂南会战，指挥桂南昆仑关对日作战，重创号称"钢军"的日军第5师团。1978年当选为第五届全国人大代表、全国政协第五届常委和文史资料研究委员会军事组副组长。

人民网曾评，杜聿明是国民党军队中少有的西方化将领。青年时，他参加黄埔军校一期，荷枪实弹，浴血东征，打倒军阀。中年时，他对日抗战，先是

故居大门左右各一座石狮

古北口长城各役；次为装甲兵部队在广西昆仑关与日寇苦战；缅甸战役，协助盟军打垮日本部队，历尽千辛万苦，经野人山归国。几次苦战，实非一般人所能承受。

晚年的杜聿明仍十分关心祖国统一，曾发表《纪念二·二八起义》《寄语台友》等文章，敦勉在台师友共同为祖国统一大业奋斗。

三进院门为二柱牌楼式垂花门

◎ 故居概况

　　故居大门一间,倒座房五间,合瓦清水脊顶,过厅前东西各有一上马石;过厅九间,前后有廊。过厅后为垂花门,门两侧有石狮。二进院正房三间,前后带廊,左右各有三间耳房,正房明间有一硬木雕花落地罩,中为月亮门,四周刻有梅竹,十分精美。东西厢房各三间。顺西廊往北,进月亮门为第三进院落,正房五间,两侧各有耳房一间。可以说是一座保存较好的四合院了。

杜聿明故居位于美术馆东街路西,南依五四大街。故居原为一组带花园的住宅,1958年建中国美术馆时,故居西部的花园部分被拆除,仅存东半部的住宅部分。此宅院约建于清代后期,原为慈禧太后侄女的私宅。民国初年卖给一位德国商人,抗日战争后被买办吴信才购得,不久作为敌产没收,后为国民党将领杜聿明之宅。

该院坐北朝南,恭有四进。现存建筑为,大门一间,倒座房九间,均为硬山顶合瓦清水脊屋面。一进院落宽敞,仅有多株树木。北面过厅九间,前后廊,带雀替,硬山顶合瓦清水脊屋面,过厅门前一对上马石。过厅北面二进院,为一小庭院,仅有东西配房两座,甬路可通三进院。三进院门为二柱牌楼式垂花门,柱下一对滚墩石,门旁一对石狮。门内另有一对滚墩石,似另处移来。院内正房三间,前后出廊,前有月台及垂带踏步,两侧耳房各三间;东西厢房各三间。南带耳房各两间;抄手游廊连接院内各房,屋面均为硬山顶合瓦清水脊。正房明间有硬木雕梅竹纹饰落地罩。第四进院落有后罩房五间,前带廊,左右耳房各两间,均为硬山合瓦清水脊屋面,院内游廊环绕。该宅院西侧有一穿南北的廊子连接前后几进院落。廊子西侧跨院现存北房五间,前后廊,为勾连搭过垄脊硬山房,东带勾连搭耳房一间。

在游览故居的过程中请注意轻声细语,用心感受景点,细心呵护游览环境。

参考资料

[1] 北京市古代建筑研究所. 府邸宅院[M]. 北京：北京美术摄影出版社，2014.

[2] 贾珺. 北京醇王府花园：分明一幅江南景[N]. 人民日报，2013-04-18.

[3] 蒋晨明. 方家胡同 体会胡同生活[N]. 北京晚报，2019-03-07日.

[4] 蒋彦鑫. 左宗棠故居花园开始大修将恢复清末时期面貌[N]. 新京报，2005-07-29.

[5] 方彪. 它曾是北京最大的书院如今却只是一座小学[N]. 北京日报，2017-06-15.

[6] 王歧丰，邹乐. 他们在此驻足[N]. 北京晨报，2013-03-26.

[7] 刘春瑞. 文物执法叫停史家胡同51号施工[N]. 新京报，2012-07-08.

[8] 周能兵. 绍兴会馆七年半："鲁迅"在这里诞生[N]. 绍兴日报，2016-10-19.

[9] 陈光中. 风景 京城名人故居与轶事8[M]. 北京：新世界出版社，2003.

[10] 叶欣. 东方圣者的家园——走进郭沫若故居[N]. 人民日报海外版，2006-06-20.

[11] 张宝贵. 砖塔胡同 元代的戏剧一条街[J]. 北京文摘，2016-12-29.

[12] 高雪梅，吴苹苹. 城中有"南山"藏在四合院[J]. 北京文摘，2018-09-27.

[13] 北京市政协文史资料委员会. 名人与老房子[M]. 北京：北京出版社，2004.

[14] 顾军. 北京的四合院与名人故居[M]. 北京：光明日报出版社，2004.

[15] 顾军. 名流北京文化名城的灵魂与荣光[N]. 北京日报，2006-02-01.

[16] 宋冰. 淡出岁月的古宅——访朱启钤故居[N]. 人民日报海外版，2007-01-19.